Frauen PORTRAITS de Femmes

Zeitzeuginnen im PAMINA-Raum
Témoignages de femmes dans l'espace PAMINA

Titel:	Frauen PORTRAITS de Femmes
	Zeitzeuginnen im PAMINA-Raum
	Témoignages de femmes dans l'espace PAMINA
Herausgeber:	FemmesPaminaFrauen e.V.
Herstellung:	**verlag regionalkultur**
Buch-Projektleitung:	Barbara Beu, Forstfeld
Interviewfragen:	Gabriele Medgenberg, Steinweiler
Deutsches Lektorat:	Katja Leschhorn, vr
Französisches Lektorat:	Annick Médard, Strasbourg
Umschlaggestaltung:	Louise Fritsch, Strasbourg; Jochen Baumgärtner, vr

Umschlag: Karte © westermann
Fotos: Abbildung „Hedi Schulitz" von Anna Maria Letsch, übrige Fotos: privat
Copyright auf alle Fotos in diesem Buch

ISBN 978-3-89735-949-9

Bibliografische Information der Deutschen Bibliothek:
Die Deutsche Bibliothek verzeichnet diese Publikation in der Deutschen Nationalbibliografie;
detaillierte bibliografische Daten sind im Internet über http://dnb.ddb.de abrufbar.

Diese Publikation ist auf alterungsbeständigem und säurefreiem Papier (TCF nach ISO 9706)
gedruckt entsprechend den Frankfurter Forderungen.

Alle Rechte vorbehalten.

© 2016 **verlag regionalkultur**

verlag regionalkultur

Heidelberg – Ubstadt-Weiher – Neustadt a. d. W. – Basel
Korrespondenzadresse:
Bahnhofstr. 2 • 76698 Ubstadt-Weiher •
Telefon (07251) 36703-0 • Fax 36703-29 •
e-mail: kontakt@verlag-regionalkultur.de • http://www.verlag-regionalkultur.de

INHALTSVERZEICHNIS / SOMMAIRE

VORWORT der Vorsitzenden FemmesPaminaFrauen / Avant-propos de
Jutta Wegmann, Cathy Loos 6

VORWORT des Vorsitzenden des Eurodistricts PAMINA / Avant-propos de
Dr. Fritz Brechtel 8

DIE STUNDE NULL / REPARTIR À ZÉRO :
„Die gefallenen Engel" / « Les anges déchus » 10

Anna Luise, geboren / née en 1915 in / à Karlsruhe
Text von / texte de Hedi Schulitz,
französische Übersetzung / traduit par Annick Médard

IMMER IN ERWARTUNG /
TOUJOURS DANS L'ATTENTE 24

Elisabeth, geboren / née en 1919 in / à Kaiserslautern
Text von / texte de Gabriele Medgenberg,
französische Übersetzung / traduit par Patrick Wolff et Odile Mathieu

BOMBARDIERUNG UND ÜBERLEBEN /
SURVIVRE AUX BOMBARDEMENTS :
„Lebenserinnerungen" / « Souvenirs d'une vie » 38

Irene, geboren / née en 1920 in / à Mannheim
Text und Übersetzung von / texte et traduction par Charlotte Esch et Renée Pilloud-Esch

INHALTSVERZEICHNIS / SOMMAIRE

AUCH FRAUEN DESERTIERTEN /
OUI, DES FEMMES ONT DÉSERTÉ :
„Ich muss einen Schutzengel haben" /
« Je dois avoir un ange gardien » 62

Louise, geboren / née en 1923 in / à Schirrhein
Text von / texte de Danièle Dorothée Bruder,
deutsche Übersetzung / traduit par Barbara Beu

DIE ELSÄSSER – SPIELBALL ZWISCHEN DEN FRONTEN /
LES ALSACIENS – BALLOTTÉS DANS TOUS LES SENS :
„Zwischen Hammer und Amboss" /
« Entre le marteau et l'enclume » 78

Huguette, geboren / née en 1924 in / à Strasbourg
Text von / texte de Danièle Dorothée Bruder,
deutsche Übersetzung / traduit par Barbara Beu

EINST GESCHLOSSENE GRENZE – HEUTE WEIT OFFEN /
DES FRONTIÈRES FERMÉES HIER, GRANDES OUVERTES
AUJOURD'HUI 96

Ulla, geboren / née en 1924 in / à Frankfurt
Text von / texte de Ursula Zimmermann,
französische Übersetzung / traduit par Annick Médard

LEBENSKUNST / L'ART DE VIVRE :
„In Dur und Moll" /
« La vie, une partition avec ses joies et ses peines » 110

Christiane, geboren / née en 1924 in / à Karlsruhe
Text von / texte de Brigitte Eberhard,
französische Übersetzung / traduit par Annick Médard

INHALTSVERZEICHNIS / SOMMAIRE

DIE VATERLOSE GENERATION /
LA GÉNÉRATION ORPHELINE DE PÈRE :
„So geht das Leben" / « Ainsi va la vie » 134

Marguerite, geboren / née en 1941 in / à Strasbourg
Text von / texte de Sonia Esch,
deutsche Übersetzung / traduit par Barbara Beu

SCHIFFE UND BRÜCKEN ÜBERWINDEN TRENNUNGEN /
DES BATEAUX ET DES PONTS POUR SURMONTER LES
BARRIÈRES :
„Die Fähre brachte mir das Glück" /
« Le bac m'a apporté le bonheur » 144

Colette, geboren / née en 1945 in / à Drusenheim
Text von / texte de Barbara Beu,
französische Übersetzung / traduit par Charlotte Esch

ZWEISPRACHIGKEIT ALS GEWINN /
LE BILINGUISME EST UN ENRICHISSEMENT :
„Es war kein langer, ruhiger Fluss…" /
« Ce n'était pas un long fleuve tranquille… » 166

Charlotte, geboren / née en 1947 in / à Emmendingen
Text und Übersetzung / texte et traduction par Charlotte Esch

KURZVITEN DER AUTORINNEN /
A PROPOS DES AUTEURES 186

DANKE / MERCI 190

VORWORT

Vorsitzende FemmesPaminaFrauen Jutta Wegmann und Cathy Loos

Liebe Leserin, lieber Leser,

es freut uns, dass Sie ein Buch in die Hand nehmen, das von einer noch nicht allzu fernen Epoche in der deutsch-französischen Geschichte handelt, die sich im PAMINA-Raum abspielte. Sie lernen in diesem Buch ganz unterschiedliche Frauen kennen, mit unterschiedlichen Biografien. Ihre Geschichten sind Mosaiksteine aus dem alltäglichen Leben der Zivilbevölkerung in einer schwierigen Epoche.

Der Verein FemmesPaminaFrauen ist ein grenzüberschreitendes Netzwerk. Wir wollen die Gleichberechtigung in allen gesellschaftlichen Bereichen vorantreiben. Dazu gehört auch, die Geschichten der Frauen in dieser Region zu würdigen und festzuhalten. Sie zeichnen ein Bild der regionalen Kultur und stellen den Bezug her zu den großen politischen Ereignissen. Vor allem zeugen sie von Mut und Kraft dieser Frauen während der Nazidiktatur, des Krieges und der Nachkriegszeit.

„Frauen PORTRAITS de Femmes" ist ein Gemeinschaftsprojekt, aus freiwilligem Engagement erwachsen. Über einen Zeitraum von drei Jahren haben unsere Interviewerinnen Zeitzeuginnen aus dem PAMINA-Raum, also der Pfalz (PA), des Mittleren Oberrheins (MI) und des Nord-Elsass (NA), ausfindig gemacht, lange Gespräche mit ihnen geführt und ausgewertet und damit ein authentisches Lesebuch mit regionaler Färbung geschaffen. Wir danken den Zeitzeuginnen, dass sie uns an ihrer Geschichte teilhaben lassen. Wir danken aber auch dem Projektteam „Frauen PORTRAITS de Femmes" für ihr Durchhaltevermögen. „Wir sind glücklich, dass unsere Geschichtsschreibung im PAMINA-Raum durch euch reicher geworden ist!"

Großen Dank sprechen wir allen Unterstützerinnen und Unterstützern aus, die auf diese Weise die Initiative öffentlich unterstreichen und mit auf den Weg gebracht haben. Es ist ein gelungenes Beispiel fruchtbarer Zusammenarbeit und Vernetzung in unserer Region.

Jutta Wegmann, Präsidentin   *Cathy Loos, Vize-Präsidentin*

AVANT-PROPOS

FemmesPaminaFrauen Jutta Wegmann et Cathy Loos

Chères lectrices, chers lecteurs,

De savoir que vous avez entre vos mains un livre, qui parle d'une époque, pas très lointaine, de l'histoire franco-allemande de la région, nous remplit de joie. Dans ce livre vous apprendrez à connaître des femmes différentes les unes des autres ayant chacune sa biographie propre. Leurs histoires sont comme des éléments de mosaïques issus de la vie quotidienne des citoyens dans une époque difficile.

L'association des FemmesPaminaFrauen est un réseau transfrontalier, qui désire promouvoir l'égalité des droits dans tous les domaines de la Société. Respecter et garder en mémoire les histoires des femmes de cette région, fait partie de notre dessein. Elles sont le reflet de la culture régionale et se rattachent aux grands événements politiques. Avant tout elles témoignent du courage et de l'énergie de ces femmes, pendant la dictature nazie, durant la guerre et l'après-guerre.

Ces « Portraits de Femmes » représentent un projet commun issu du bénévolat. Pendant trois ans nos enquêtrices ont interviewé des femmes de l'espace PAMINA, à savoir le Palatinat (PA), le Pays de Bade du Rhin supérieur (MI) et l'Alsace du nord (NA). Elles ont eu avec elles de longues conversations, qu'elles ont transcrites et ont réalisé ainsi un ouvrage, dont l'authenticité régionale est incontestable.

Merci à ces témoins de notre temps, de nous avoir permis de prendre part à leur histoire. Nos remerciements vont aussi à toute l'équipe, qui travailla patiemment à ce projet « Frauen PORTRAITS de Femmes ». « Nous sommes heureuses que notre travail au sein de l'espace PAMINA se soit enrichi grâce à vous ! »

Nous remercions celles et ceux, qui par leurs dons et leur soutien ont permis à cette initiative de voir officiellement le jour. Voici un bel exemple de collaboration fructueuse et de ramification efficace pour notre région.

Jutta Wegmann *Cathy Loos*
Présidente *Vice-présidente*

VORWORT

Vorsitzender des Eurodistricts PAMINA Dr. Fritz Brechtel

Sehr geehrte Damen und Herren,

die Initiative des Vereins der FemmesPaminaFrauen kam erfreulicherweise rechtzeitig und macht deutlich, welches Glück wir damit hatten: Es resultiert daraus eine Sammlung von Schicksalen und Lebensberichten, Erinnerungen, Geschichten und Erfahrungen noch aus erster Hand – von heute noch lebenden Zeitzeuginnen geschildert. Sie berichten in diesem Buch eindrücklich aus einer schwierigen Zeit und geben so nachhaltig personalisierte Geschichte an nachfolgende Generationen weiter.

Das Buch schließt eine Lücke in unserem Raum. In „Frauen PORTRAITS de Femmes" steht das Schicksal von Frauen und ihre Bewältigung einer schwierigen historischen Epoche im Mittelpunkt. Zeitzeuginnen und Zeitzeugen sind wichtig, um erlebte Geschichte authentisch weiterzugeben. Dieses wertvolle kulturelle Erbe und Potenzial hat der Verein genutzt. Es gebührt allen Beteiligten mein Dank.

Das Buch macht auch unsere besondere gemeinsame Chance in der Grenzregion deutlich, voneinander zu lernen und zu profitieren. Viele unserer französisch/elsässischen Nachbarn sind noch zweisprachig aufgewachsen. Das ist eine besondere Kompetenz in unserer Region. Die Nachfolgegenerationen tun sich schon schwerer damit, die Sprache des Nachbarn zu lernen. Auch deshalb ist es wichtig, die grenzüberschreitende Arbeit zu forcieren, das gegenseitige Verstehen zu fördern, die gemeinsame Geschichte nicht in Vergessenheit geraten zu lassen und die Grenzen offen zu halten. Das Buch schlägt eine Brücke – über Zeiten und Grenzen.

Dr. Fritz Brechtel
Vorsitzender des Eurodistricts PAMINA

AVANT-PROPOS

Président de l'Eurodistrict PAMINA Dr. Fritz Brechtel

Mesdames et Messieurs,

L'initiative de l'association FemmesPaminaFrauen est venue à point nommé et montre la chance que nous avons eue grâce à elle, à savoir de rassembler un ensemble de destinées et de récits vécus, de souvenirs, d'anecdotes et d'expériences, de première main et décrites par des témoins encore vivants. Dans ce livre ces femmes parlent d'une période vraiment difficile et transmettent ainsi le souvenir d'histoires vécues aux générations futures.

Ce livre comble indéniablement une lacune dans notre région. Dans « Frauen PORTRAITS de Femmes » la destinée des femmes et leur capacité à gérer des situations à une époque compliquée de l'Histoire sont au centre du livre. Les témoignages de l'époque sont importants, afin de transmettre une histoire vécue de façon authentique. Cet héritage et ce potentiel culturel précieux, l'association les a utilisés et je remercie tous les participants à ce projet.

Ce livre met également en relief notre chance commune, en tant que région frontalière, à savoir apprendre et s'enrichir grâce à l'autre. Beaucoup de nos voisins français d'Alsace ont souvent été élevés dans les deux langues et c'est un atout majeur pour notre région. Les générations suivantes ont plus de mal à apprendre la langue du voisin. C'est la raison pour laquelle il faut intensifier le travail transfrontalier, encourager la compréhension mutuelle, ne pas oublier notre histoire commune et laisser nos frontières ouvertes. Ce livre représente une passerelle au-delà du temps et des frontières.

Dr. Fritz Brechtel
Président de l'Eurodistrict PAMINA

DIE STUNDE NULL

Anna Luise, geboren 1915 in Karlsruhe
Text von Hedi Schulitz

„Die gefallenen Engel"

Ich bin mir sicher: Meine Mutter hatte ein Herz für gefallene Engel, für alle die Ausgestoßenen und an den Rand Gedrängten, für alle jene gestrandeten Seelen, die von der Leiter oder sogar vom Sockel heruntergestoßen wurden. Der Grund liegt nahe: weil sie sich ihnen zugehörig fühlte und weil auch sie zu einem gefallenen Engel geworden war.

Dabei sah es am Anfang überhaupt nicht danach aus: Anna Luise wurde 1915 als Tochter der Eheleute Richard und Luise in Karlsruhe geboren. Auf einem Foto sieht man sie, als gerade mal einjähriges Wonnepröppchen, auf einem Lammfell halb liegend und halb sitzend, mit einem Spitzenkleid, das nur über der rechten Schulter mit einem neckischen Schlupf zusammengehalten wird, vielleicht um zu signalisieren, dass es sich bei dem Säugling um ein Mädchen handelt. Ansonsten zeigt das Annelieschen, wie sie genannt wurde, viel nackte Haut, wohlgenährte Ärmchen und Beinchen, die Zehen an dem einen Fuß leicht gekrümmt, am anderen auseinandergespreizt. Der relativ große Kopf sitzt auf einem Hals, den man vor lauter Gesicht nur erahnen kann. Obwohl die kleine Anneliese bald einen sehr dichten Haarschopf bekommen sollte, ist auf diesem Foto davon noch nicht viel zu sehen. Wer genau hinschaut, kann einen seidig glänzenden Flaum ausmachen, der in eine relativ hohe Stirn übergeht, dann kommen die tiefliegenden, aber doch großen Augen. Was auffällt, sind die dicken Hamsterbacken, die dem ganzen Kopf mit den anliegenden Ohren fast etwas Quadratisches geben. Wahrscheinlich wartet das Annelieschen auf das Vögelchen, das ihr der Fotograf aus der Kaiserpassage versprochen hat.

Anna Luise als Baby beim ersten Fotografenbesuch, ca. 1916.

Anna Luise bébé – Première visite chez le photographe autour de 1916.

REPARTIR À ZÉRO

Anna Luise, née en 1915 à Karlsruhe
Texte traduit par Annick Médard

« Les anges déchus »

J'en suis sûre : ma mère avait de l'affection pour les anges déchus, pour tous ceux que l'on rejette et que l'on pousse vers le bord, pour toutes les âmes échouées, celles que l'on fait tomber de l'échelle voire d'un socle. La raison en est simple : elle s'en sentait proche et elle aussi était devenue un ange déchu.

Pourtant tout avait si bien commencé : Anna Luise, fille de Richard et Luise est née en 1915 à Karlsruhe. Sur une photographie, on peut la voir étendue plus qu'assise sur une peau de mouton, adorable bébé vêtu d'une robe de dentelle, retenue simplement sur l'épaule droite par un nœud coquin, peut-être pour signaler que le nourrisson était bien une fille. En outre Annelieschen, c'est ainsi qu'on l'appelait, montrait généreusement sa nudité, des petits bras et des petites jambes bien dodus, les orteils repliés sur un pied et en éventail

pour l'autre. La tête relativement grande est le prolongement d'un cou qu'on ne fait que deviner, tant le visage est présent. Bien que la petite Annelieschen allât bientôt être pourvue d'une chevelure abondante, on n'en devine pas encore grand-chose, mais en y regardant de plus près, on aperçoit un duvet soyeux au-dessus d'un front relativement haut, puis viennent les yeux bien enfoncés et plutôt grands. Ce qui frappe, ce sont les grosses joues rebondies de hamster, qui donnent au visage aux oreilles bien collées une forme presque carrée. Sans doute la petite Anneliese attend-elle le petit oiseau dont le photographe du Kaiserpassage lui a promis l'apparition.

Der Vater

Hunger scheint sie zu diesem Zeitpunkt jedenfalls noch nicht gekannt zu haben. Der Vater, ein sogenannter Reichsbahnobersekretär, wie er sich in der für die damalige Zeit üblichen Art und Weise nannte, hatte sich freiwillig in den Krieg gemeldet. Dass er nur als Musiker einsetzbar sein würde, störte ihn nicht, im Gegenteil. Ein Musiker beim Militär zu sein war immer noch die leichteste Art, dem Vaterland einen Dienst zu erweisen. Als geborener Musikus und Luftikus war er immer zu Scherzen aufgelegt und gegenüber den Damen stets charmant und elegant. Wenn man ihn fragte, wo er geboren sei, sagte er „in Kcedorleppak". Er wartete einen Moment, bis sein Gegenüber wissen wollte, wo das denn sei, und dann fügte er hinzu: „Des liegt genau zwische Pariss un Waldulm." Wer dann womöglich die Landkarte holte, um ihm zu zeigen, dass es auf der ganzen Linie zwischen diesen beiden Punkten keinen Ort gäbe, der genau diesen Namen trüge, den belehrte er eines Besseren und deutete mit seinem typisch verschmitzten Lächeln auf Kappelrodeck. „Dreh's halt mal um!"

Im Übrigen machte sich der Vater gerne lustig über alles, was mit Frankreich zusammenhing und erzählte seinen Neffen aberwitzige Geschichten darüber, wie Kaiser Napoleon der Dritte anno 1871 von deutschen Truppen gefangen genommen worden war. Als er im Zweiten Weltkrieg durch einen Fliegerangriff seine schöne Wohnung am Friedrichsplatz in Flammen aufgehen sah, ist ihm das Witzemachen über die Franzosen vergangen. Er brauchte bloß an sie zu denken, und schon packten ihn die blanke Wut und der schiere Zorn. Hinzu kam noch die Scham darüber, dass sich die Schwester seines Vaters mit dem Feindesland so innig eingelassen hatte. Nicht nur, dass sie fast ihr ganzes Leben in Paris verbracht hatte, sie soll zudem mit einem französischen General liiert gewesen sein.

Die Pariser Tante

Nach dem Ersten Weltkrieg war sie wieder im Karlsruher Adressbuch zu finden. Zu diesem Zeitpunkt muss das Annelieschen gerade mal fünf oder sechs Jahre alt gewesen sein. Es ist durchaus anzunehmen, dass sich die beiden irgendwann einmal begegnet sind. Mit Sicherheit war diese Tante sehr daran interessiert, die lange stillgelegten Kontakte zur Familie wieder aufzufrischen und zu beleben. Wenn sie allerdings mit ihren allzu eleganten Hüten in Erscheinung trat, wollte das nicht recht gelingen. Die Erwachsenen brachten ihr nur Missgunst und Neid entgegen und bei den Kindern und Jugendlichen

Le père

Elle ne semble pas encore souffrir de la faim à cette époque. Son père, un cadre supérieur des Chemins de Fer de l'époque impériale allemande, comme on avait coutume de dire à l'époque, s'était engagé comme volontaire dans la Grande Guerre. Que l'on ait retenu que son vécu de musicien, ne le gênait pas vraiment, au contraire. Un musicien dans l'armée, n'était-ce pas la manière la plus facile de servir sa patrie ? Né musicien et amuseur public, il était toujours prêt à faire des farces tout en restant charmeur avec ces dames. Lorsqu'on lui demandait où il était né, il répondait : à kcedorleppak. Il attendait un instant, jusqu'à ce que son interlocuteur lui demandât où cela se trouvait ; puis il précisait « c'est entre Paris et Waldulm ». Si on lui apportait alors une carte, en indiquant qu'aucun lieu de ce nom ne se trouvait sur cette ligne, il pointait son doigt d'un sourire moqueur sur Kappelrodeck. « Il vous suffit de retourner le nom » disait-il.

A vrai dire, il aimait bien se moquer de tout ce qui touchait à la France et racontait à ses neveux des histoires grotesques sur Napoléon III, qui en 1871 avait été capturé par des troupes allemandes. Lorsqu'à la suite d'une attaque aérienne lors de la Seconde Guerre mondiale, il vit son bel appartement de la Friedrichsplatz en flammes, il perdit le goût des blagues à l'encontre des Français. Le seul fait de penser à eux, provoquait en lui une vraie colère, voire une rage à leur égard. Il faut ajouter à cela la honte provoquée par la sœur de son père, qui avait noué des liens étroits avec la nation ennemie. Pas seulement parce qu'elle avait passé la plus grande partie de sa vie à Paris, mais parce qu'elle avait entretenu une liaison avec un général français.

La tante de Paris

Après la Première Guerre mondiale, elle était revenue à Karlsruhe. A cette époque la petite Anneliese devait avoir à peu près cinq ou six ans et il est plus que probable qu'elles se soient croisées à ce moment là. La tante de Paris semblait s'être efforcée de renouer des contacts avec la famille, relations si longtemps distendues. Lorsqu'elle arrivait avec ses chapeaux un peu trop élégants, elle n'avait guère de succès. Les adultes n'exprimaient que malveillance et jalousie envers elle, en revanche chez les enfants, son apparition semblait avoir éveillé quelque curiosité. La jeune Anneliese, qui bientôt allait fréquenter le conservatoire de musique de Munz, avait certainement provoqué la sympathie de cette tante, puisqu'elle aussi avait été dotée du talent musical de ses ancêtres. Pressentait-elle aussi, qu'elle allait lui ressembler de plus en plus au cours de sa vie ?

rief ihr Auftreten allenfalls Neugierde hervor. Dass die junge Anneliese als Schülerin des Munz'schen Musikkonservatoriums die Sympathie der Tante geweckt hatte, lag auf der Hand, zumal auch sie das musikalische Talent ihrer beider Vorfahren geerbt hatte. Ob Anneliese damals schon ahnte, dass sie der Verwandten auch im weiteren Leben immer ähnlicher würde?

In den Jahren der großen Inflation musste die einstige Pariserin ihren Hausstand in Karlsruhe auflösen und in das Städtische Altenheim umziehen. Seither wollte niemand mehr etwas von ihr wissen. Ihre Existenz schwieg man systematisch tot. Warum? Weil sie als Abtrünnige und Vaterlandsverräterin galt und außerdem als höchst „unmoralisches" Frauenzimmer. Doch das Annelieschen schnappte hier und da etwas auf und spitzte die Ohren, wenn sich die Erwachsenen hinter vorgehaltener Hand etwas von dieser „so sündhaften Frau" erzählten. Aber worin genau deren Sünde bestand, ist ihr nie so ganz klar geworden.

Wilde Mädchenjahre und die Musik als Retter in der Not

Auf einem Foto, das zur Heiligen Kommunion von Anneliese gemacht wurde, sieht sie aus wie eine unschuldige kleine Braut, ganz in Weiß mit einem Schleier, der ihr vom Kopf bis zum Saum ihres Kleides reicht. In der einen Hand hält sie ein Gebetbuch, in der anderen eine lange, mit Rosetten geschmückte Kerze. Ein ernster, fast ein wenig trotziger Blick, Kinn und Mund etwas nach vorne geschoben.

In ihren jungen Jahren war Anneliese ein wildes, hübsches Mädchen, das sich mit forschen Schritten jedem gegenüberstellte, der es wagte, sie womöglich wegen ihrer roten Locken zu hänseln. Sie hat es selbst oft erzählt: dass sie sich nichts gefallen ließ und – wenn es sein musste – ihren Schulranzen vom Rücken riss, um sich ungehindert mit den Buben balgen zu können. Ihre Eltern aber fanden, dass dem Mädchen diese Wildheit ausgetrieben werden müsse. Also steckte man sie kurzerhand in eine Klosterschule, wo sie tatsächlich am Ende lammfromm wieder herauskam, aber auch voller Komplexe. Die anderen waren grundsätzlich besser, gescheiter, reicher und schöner als sie.

Nur in einem gewann sie immer mehr Zutrauen und Sicherheit, nämlich in der Musik. Nach dem Unterricht im Musikkonservatorium verbrachte sie noch täglich sechs

Anna Luise bei der Kommunionsfeier im Alter von ca. acht Jahren, 1923.

Anna Luise en communiante à l'âge de huit ans en 1923 environ.

En raison de « la grande inflation » la dame qui avait habité à Paris avait dû se séparer de son mobilier de Karlsruhe et s'installer dans la maison de retraite municipale. De ce jour personne ne voulut plus rien savoir d'elle. Son existence a été systématiquement niée. Pourquoi ? Parce qu'elle avait été taxée d'infidèle et de traîtresse envers sa patrie, une personne particulièrement amorale aux yeux de sa famille. Mais la petite Anneliese happant de temps à autre une bribe de conversation, laissait traîner une oreille, lorsque les adultes racontaient en aparté l'une ou l'autre anecdote sur cette « femme si coupable ». En quoi avait consisté son péché, cela n'avait jamais été clairement exprimé.

Une enfant pleine de vie et la musique salvatrice au besoin

Sur une photo de communion solennelle, Anneliese fait penser à une petite mariée innocente, toute en blanc avec son voile allant de la tête jusqu'à l'ourlet de sa robe. Dans une main elle tient un missel, dans l'autre un cierge garni de rosettes. Son regard est sérieux, un rien boudeur, le menton et la bouche légèrement en avant.

On peut aisément imaginer que dans ses jeunes années Anneliese était une jeune fille à la beauté sauvage, qui n'hésitait pas à répondre à qui osait se moquer de ses boucles rousses. Souvent elle racontait qu'elle ne laissait rien passer et que s'il le fallait, elle arrachait son sac d'écolière de son dos, pour se chamailler plus facilement avec les garçons. Ses parents trouvaient cependant que cette turbulence devait être canalisée et ils la mirent sans autre forme de procès dans une institution religieuse, dont elle ressortit effectivement pieuse et docile, mais aussi pleine de complexes. Les autres lui semblaient toujours meilleures, plus intelligentes, plus riches et plus belles qu'elle ne l'était.

Il existait cependant un domaine où elle était de plus en plus sûre d'elle. Lorsqu' après ses cours au conservatoire elle faisait en plus six heures de piano par jour à la maison, le monde n'existait plus autour d'elle. Anneliese désirait ardemment comprendre les sentiments qui avaient animé le compositeur lors

Stunden am Klavier. Es dauerte nicht lange und die Welt versank um sie herum. Anneliese war beseelt von dem Wunsch, die in Töne gefassten Empfindungen des Komponisten nachzuvollziehen. Sie versuchte, seine Stimmung zu erahnen, was er wohl gefühlt hat, als er diese Musik komponierte? Sie stellte sich Situationen und Szenen dabei vor und von Mal zu Mal gelang es ihr besser, sich gefühlsmäßig in der Musik zu bewegen. Sie merkte schnell, dass sie hier eine besondere Begabung hatte: in dem Einfühlen in die Seele des Komponisten und in der Wiedergabe genau dieser Stimmung durch die Musik. Anneliese erlangte immer mehr Zuversicht in sich und ihre Fähigkeiten. Vor allem aber hatte sie die Gewissheit, dass jene Welt, in der die Musik das Sagen hat, ihr vertrauter war als die real existierende. In der Musik konnte sie sich behaupten, dort kannte sie sich aus. Im Gegensatz zur realen Welt war das Leben dort viel einfacher und leichter für sie. Hätte sie zu diesem Zeitpunkt weitergehen können auf ihrem Weg, dann wäre sie vielleicht eine große Pianistin geworden.

Die Weichen werden umgestellt

Wahrscheinlich konnte Anneliese die Überlegung der Eltern durchaus nachvollziehen, sie lag im Trend der Zeit. Eine Frau musste zusehen, dass sie einen Mann bekam, gerade, wenn sie Künstlerin war. Denn von der Kunst allein wird man nicht satt.

Anneliese sollte also dem Geist der Zeit entsprechend ein Haushaltsjahr absolvieren. Schließlich müsse sie wissen, wie man als gute deutsche Hausfrau einen Haushalt führt. Damit es überhaupt soweit kommen konnte, musste sie einen Mann finden, weshalb sie im Frühjahr 1936 auf ihren ersten Faschingsball durfte. Sie hatte sich als Rokokodame verkleidet und sich mit ihren goldblonden Locken eine kunstvolle Frisur hochstecken lassen. Die Anstrengungen zahlten sich aus: Kurz nach Mitternacht war Anneliese dann endlich dem „Richtigen" begegnet. Ohne Zweifel war es für beide Liebe auf den ersten Blick. Obwohl ihre Eltern zuerst nicht begeistert von ihm waren. Er war um einiges älter als sie, lebte in Scheidung, und er war evangelisch.

Als er schon bald nach dem ersten Rendezvous bei den Eltern um ihre Hand anhielt, soll ihre Mutter gesagt haben: „Bedenken Sie bitte, dass meine Tochter nicht kochen kann. Sie müssen wissen, sie ist Musikerin."

Was mag dabei im Kopf dieser Frau vor sich gegangen sein: das Wissen um das musikalische Talent ihrer Tochter, das sie nicht zerstört sehen wollte durch hausfrauliche Pflichten? Doch auch in diesem Punkt schien er der Richtige für sie gewesen zu sein, denn es reizte ihn, eine Frau an seiner Seite zu haben, für die

de sa composition. Elle essayait de deviner ses états d'âme, ce qu'il avait ressenti au plus profond de lui-même. Elle imaginait alors des situations et des scènes où elle réussissait de mieux en mieux à se confondre avec la musique. Très vite elle se rendit compte qu'elle possédait un véritable don à cet égard : elle savait capter les états d'âme du compositeur et les transposer dans sa musique. Elle eut de plus en plus confiance en elle étant consciente de son talent. Avant tout elle savait, que ce monde où s'exprimait la musique, lui était plus proche que le monde réel. La musique lui permettait de s'affirmer, elle se sentait dans son élément. Par rapport au monde extérieur, cette vie-là était beaucoup plus limpide, plus facile. Si elle avait pu suivre cette voie à ce moment-là, elle serait peut-être devenue une grande pianiste.

Vers une voie d'évitement

Sans doute Anneliese pouvait comprendre le point de vue de ses parents, il correspondait aux critères de l'époque. Une femme se devait de trouver un mari, qui plus est dans le cas d'une artiste. Parce que l'art ne nourrit pas son homme (sa femme).

C'est donc l'air du temps qui dicta à Anneliese de suivre pendant un an une école ménagère. Il fallait qu'elle apprît à devenir une parfaite maîtresse de maison allemande. D'autre part, pour trouver un mari, elle se devait de sortir dans le monde. Et elle se rendit à son premier bal masqué, pour lequel elle s'était déguisée en dame du 18ième siècle à la coiffure extravagante. Les efforts déployés s'avérèrent payants : peu après minuit, elle fit la connaissance de celui qui lui était destiné. Sans aucun doute pour chacun le vrai coup de foudre. Ses parents n'étaient pas ravis de lui: Il était plus âgé qu'elle, il était en instance de divorce et d'autant plus il était protestant.

Peu après leur premier rendez-vous, lorsqu'il demanda sa main, sa mère lui aurait dit : « Réfléchissez bien, ma fille ne sait pas faire la cuisine, vous savez c'est une musicienne. »

Qu'a-t-il bien pu se passer dans sa tête à cet instant : le talent musical de sa fille qu'elle ne voulait pas voir partir à vau l'eau à cause des devoirs d'une maîtresse de maison ? Il semblait toutefois avoir été le bon choix pour elle aussi. Alors que lui était enchanté d'avoir à ses côtés une femme pour qui le piano tenait une place très importante. Il savait que c'était primordial pour elle et il a toujours essayé de lui laisser le champ libre.

D'ailleurs malgré son année d'école ménagère, elle n'est jamais devenue une véritable maîtresse de maison. Encore que certaines photos semblent vouloir dire

das Klavierspiel einen überaus großen Platz einnahm. Er wusste, wie viel ihr die Musik bedeutete, und er hat immer versucht, ihr dafür den Rücken freizuhalten.

Trotz des absolvierten Haushaltsjahres ist sie tatsächlich keine richtige Hausfrau geworden, obwohl es hin und wieder den Anschein hatte: Auf einem Foto sieht man sie am Küchentisch mit einem ihrer Kleinen auf dem Arm, dem sie geduldig den Brei in den Mund schiebt. Ein anderes Mal sieht man sie auf dem Sofa liegen, den Arm angewinkelt stützt sie mit der Hand ihren Kopf, mit der anderen hält sie eine Kaffeekanne, deren Tülle sie zum Mund eines ihrer Kinder führt. Es sitzt auf einem großen Kissen. Das Milchfläschchen sei gerade kaputt gewesen, fügte sie später erklärend hinzu. Ein anderes Foto zeigt sie beim Aufhängen der Wäsche, aber Zeit zum Klavierspielen hatte sie noch immer genug. Im Nachhinein – so ihre Worte – waren das ihre glücklichsten Jahre.

Der große Schnitt

Doch dann ist der Mann in den Krieg gezogen, nicht weil er musste, er war sogar freiwillig gegangen. Seiner „Lissy", wie er sie nannte, hatte er glühende Liebesbriefe geschrieben. Sie müsse jetzt stark sein, um sich und die Kinder heil durch die schwere Zeit zu bringen.

Mit den Mußestunden am Klavier war es fortan bald vorbei. Da waren die Kinder, ein Mädchen und zwei Buben, die sie satt bekommen musste, die Wäsche, der Haushalt, alles Aufgaben, die sie jetzt allein zu bewältigen hatte, ob sie wollte oder nicht. Dann immer dieser Fliegeralarm mit den ohrenbetäubenden Sirenen! Und dann auch noch ihre Erkrankung an Rheuma, die ein solches Ausmaß annahm, dass man dachte, sie würde dabei auf der Strecke bleiben!

Ob die Krankheit vielleicht ein unbewusster Versuch gewesen war, sich aus der Verantwortung zu stehlen? So hatte sie sich das Leben nicht vorgestellt. In was für eine Misere war sie da hineingeraten? Wie kam sie da nur wieder heraus? Inzwischen bettlägerig, war sie schon längst mit den Kindern zu den Eltern gezogen. Doch das Schicksal nahm eine neue Wende.

Hilfe von außen

Eines Morgens stand ein Mann vor der elterlichen Wohnung und fragte nach ihr. Angeblich habe ihm, dem Heilpraktiker, eine innere Stimme gesagt, dass er ihr helfen müsse. Es stellte sich heraus, dass ihm jemand von ihr erzählt hatte, und ohne sie zu kennen, hatte er sich des Nachts mit dem Fahrrad nach Karlsruhe

le contraire. Ainsi, on peut la voir à la table de cuisine, tenant un de ses petits dans les bras, tout en lui donnant patiemment sa bouillie. Une autre fois, elle est allongée sur le canapé, une main appuyée sur l'accoudoir et l'autre tenant une cafetière dont elle approche le bec de la bouche de l'enfant qui est assis sur un grand coussin. Elle avait égaré le biberon, dira-t-elle plus tard. On la voit également en train de suspendre du linge, mais du temps pour jouer du piano, il lui en restait suffisamment. Elle disait souvent qu'au fond c'était les années les plus heureuses de sa vie.

La grande coupure

Et puis le mari est parti à la guerre, non pas par obligation, il était volontaire. A sa Lissy, il écrivait des lettres d'amour passionnées, la priant de rester forte pour traverser cette période difficile pour elle et les enfants.

Les heures de rêves passées au piano, c'était bien fini. Il y avait les enfants à nourrir, une fille et deux garçons, le linge, le ménage, bref toutes ces tâches qui lui incombaient à présent. Qu'elle le voulût ou non. Et puis toujours ces alertes aériennes dont les sirènes vous cassaient les oreilles. A toutes ces misères s'ajoutèrent encore des crises de rhumatismes d'une telle intensité, qu'on pensa même, qu'elle allait y rester.

Cette maladie était-elle une tentative de fuir ses responsabilités ? Non, elle n'avait pas imaginé sa vie ainsi. Dans quel malheur était-elle tombée ? Comment allait-elle pouvoir s'en sortir ? Elle était à présent alitée jour et nuit après avoir déménagé avec ses enfants chez ses parents. Le destin en décida autrement.

Une aide venue de l' extérieur

Un beau matin un homme sonna à la porte de l'appartement de ses parents et la réclama. Il était naturopathe et prétendait avoir entendu une voix lui disant de venir à son aide. Il s'avéra que quelqu'un lui avait parlé d'elle et sans la connaître, il partit dans la nuit à bicyclette dans la direction de Karlsruhe. Il semblerait qu'il sut trouver les bons arguments : raisonnablement elle ne pouvait pas vouloir faire de ses enfants des orphelins ; le père, ils l'avaient peut-être déjà perdu, devaient-ils aussi être abandonnés par leur mère ? De ce jour, elle se prit courageusement en main et retrouva la santé. Bien entendu ses rhumatismes ne disparurent jamais complètement.

auf den Weg gemacht. Er musste ihr ordentlich ins Gewissen geredet haben: Sie könne doch nicht ernsthaft wollen, dass ihre Kinder zu Waisen würden. Den Vater hätten sie vielleicht schon verloren, und nun sollten sie auch noch von der Mutter verlassen werden? „Das können Sie nicht wirklich verantworten!" Von da an hat sich Anneliese tatsächlich wieder aufgerafft und sich für das Weiterleben entschieden. Das Rheuma ist sie natürlich nie wirklich losgeworden.

Die Hoffnung stirbt

Je länger er dauerte, dieser Krieg, desto ärmer wurde Anneliese an Illusionen. Auf einem Foto, das 1944 aufgenommen wurde, scheint sie noch einmal alles versucht zu haben, um sich und dem Betrachter etwas vorzugaukeln: eine noch immer schöne Frau, etwas verhärmt zwar und sehr ernst blickt sie mit einem Anflug von Lächeln in die Kamera; sie trägt ein schwarzes Kleid mit kleinen weißen Punkten, am Revers zwei weiße Nelken; flankiert wird sie von ihren zwei ältesten Kindern, der siebenjährigen Tochter und dem fünfjährigen Sohn, beide ernst und misstrauisch, nicht recht wissend, was das Ganze soll. Ob das Foto aufgenommen wurde, um es bei der nächsten Gelegenheit an den Ehemann, sprich Vater zu schicken? Warum aber war dann der etwa zweijährige Sohn nicht darauf abgebildet? Oder sollte das Foto in erster Linie dem Ehemann zeigen, wie sich seine Lissy verändert hat, wie sie tatsächlich eine erwachsene Frau geworden war? Wie eine Musikerin hat sie allerdings auch noch immer ausgesehen.

Anna Luise mit zwei ihrer Kinder, 1944.

Anna Luise avec deux de ses enfants en 1944.

Die Stunde Null

Als der Krieg dann wirklich zu Ende kam, ging die Misere für Anneliese erst richtig los. Ihr Ehemann kehrte nicht mehr zurück und galt als vermisst. Da er ein SS-Offizier und zuvor im Öffentlichen Dienst tätig gewesen war, wurden ihr im Zuge der sogenannten Entnazifizierung die Bezüge gestrichen. Obwohl er sich keiner Gräueltaten schuldig gemacht hatte, war seine Frau nicht in der Lage, ihn zu entlasten. Die Sperre hielt deshalb bis in die fünfziger Jahre hinein. Dass Anneliese überhaupt mit ihren drei Kindern überleben konnte, hatte sie ihrem Vater zu ver-

L'espoir s'en était allé

Plus cette guerre durait, plus Anneliese perdait ses illusions. Sur une photo prise en 1944, elle semble une fois de plus avoir tout essayé pour faire illusion : encore belle, mais le regard triste et grave, elle esquisse un vague sourire en regardant le photographe ; elle porte une robe noire à tous petits pois blancs et sur le revers du col deux œillets blancs. Elle est entourée de ses deux ainés, sa fille de sept ans et son fils de cinq ans, tous les deux sérieux et méfiants, ne sachant pas trop de quoi il en retournait. La photo avait-elle été prise pour l'envoyer à son mari à la prochaine occasion ? Mais pourquoi manquait-il le second fils qui devait avoir deux ans à peine ? Ou bien aurait-elle été faite pour lui montrer que sa Lissy avait vraiment changé, qu'elle était devenue vraiment adulte ? D'une musicienne, certes, elle en avait gardé l'allure.

Repartir à zéro

Lorsque la guerre fut bel et bien finie, la misère ne fit que commencer pour Anneliese. Son mari ne revint pas et fut porté disparu. Comme il avait été un officier SS et qu'il avait été auparavant dans l'administration, tout revenu lui a été refusé pour respecter le processus de dénazification. Bien qu'il n'ait pas été reconnu coupable de cruautés avérées, elle n'a pas été en mesure de le faire réhabiliter. L'interdiction dura jusque dans les années 50. Qu'elle ait pu survivre avec ses trois enfants, c'est

danken. Er – inzwischen auch Witwer geworden – lebte mit ihr und den Kindern unter einem Dach. Da seine Wohnung bei einem Fliegerangriff völlig zerstört worden war, hätte er sonst nicht gewusst, wohin. So gut es ging, ersetzte er den Kindern den Vater und hielt mit seinen finanziellen Mitteln die Familie über Wasser.

Ein Hoffnungsschimmer

Trotzdem: Annelieses ohnehin durcheinander geworfenes Leben geriet immer mehr aus den Fugen und brachte sie an den Rand der Gesellschaft. Die noch immer junge und schöne Witwe, die sie war, hatte sich wider Erwarten noch einmal verliebt, und zwar in einen Mann, der sie sehr an ihren Ehemann erinnerte. Das Problem war nur, dass auch er noch verheiratet war und sich offenbar nicht von seiner Angetrauten zu trennen vermochte. Es waren nur sporadische und heimliche Treffen zwischen ihnen möglich, doch immer waren sie mit dem Versprechen seinerseits verbunden, bald für klare Verhältnisse sorgen zu wollen. Anneliese hatte vielleicht noch die Worte ihres ersten Mannes im Ohr, der, als er sie kennenlernte, auch schon in Scheidung lebte, sich aber tatsächlich scheiden ließ. Zweifelsohne unterschätzte sie die Hartnäckigkeit einer Ehefrau, die ihre Felle davonschwimmen sah. Unter den übelsten Beschimpfungen verlangte diese ihren noch immer rechtmäßigen Ehemann zurück. Als Anneliese von ihm schwanger wurde, diffamierte sie sie überall in deren Verwandtschaft als schändliche Nebenbuhlerin. Von da an war Annelieses Ruf endgültig dahin.

Der Kindesvater begab sich im weiteren Verlauf wieder in die Fänge seines „Hausdrachens". Das schlechte Gewissen schien ihn dennoch geplagt zu haben, denn er bat seinen jüngeren Bruder, die Patenschaft für sein Kind zu übernehmen. Da sich der Bruder – gerade aus der Gefangenschaft entlassen – dazu bereit erklärte und außerdem frei und ungebunden war, liierte sich Anneliese fortan mit ihm. Und um unter die verworrene Geschichte endlich einen Schlussstrich zu ziehen, zog sie mit ihm ins Saarland. Doch in dieser Zweckgemeinschaft wurden sie nicht wirklich glücklich. Im Klavierspielen fand Anneliese leider keinen Trost mehr; das Rheuma hatte schließlich auch ihre Hände befallen. Die räumliche Nähe zu Frankreich stimmte sie gerade wegen der einst verstoßenen Pariser Tante immer sehr nachdenklich. Dass ihre jüngste Tochter sich dereinst auf deren Spurensuche begeben würde, hätte sie sich bestimmt nicht träumen lassen. Aber mit Sicherheit hätte sie es sehr gefreut.

(siehe hierzu: „Die Schattenfrau" eine Biographiefiktion von Hedi Schulitz, Lindemanns Bibliothek, Karlsruhe, 2014)

grâce à son père. Veuf à son tour et resté sans appartement, puisqu'il l'avait perdu lors d'un bombardement allié, il était allé vivre chez elle. Dans la mesure du possible, il essaya de remplacer le père des enfants et il a pu soutenir la famille par ses propres moyens financiers.

Une lueur d'espoir

D'autres turbulences, qui secouèrent de plus en plus la vie d'Anneliese, vinrent encore s'ajouter à cette situation déjà chaotique et la précipitèrent au ban de la société : cette veuve encore jeune et belle, était contre toute attente, retombée amoureuse, en l'occurrence d'un homme qui lui rappelait beaucoup son mari. Mais le problème était qu'il était encore marié et ne semblait pas pouvoir se séparer de sa moitié. Seules des retrouvailles sporadiques et secrètes étaient possibles entre eux, toujours accompagnées de promesses de sa part de clarifier la situation. Sans doute, Anneliese avait-elle encore en mémoire les paroles de son premier mari, qui lorsqu'il avait fait sa connaissance était déjà en instance de divorce, un fait qu'il mit d'ailleurs à exécution. Elle avait cependant sous-estimé la persévérance de la femme légitime, qui s'était rendue compte, que sa vie partait en lambeaux. C'est sous les pires insultes qu'elle chassa plusieurs fois son toujours légitime conjoint hors de l'appartement d'Anneliese. Même lorsque cette dernière tomba enceinte, ou précisément à cause de cela, elle fit le tour de la famille d'Anneliese, la diffamant et la traitant de rivale aux mœurs légères. De ce jour, la réputation d'Anneliese était définitivement faite.

Le père de l'enfant retourna alors dans les griffes de son dragon domestique. Pourtant la mauvaise conscience sembla le tourmenter, puisqu'il pria son frère, un peu plus jeune que lui et tout juste rentré de captivité, d'assurer le parrainage de l'enfant. Comme il en était d'accord et qu'il était libre et sans attache, Anneliese entama une liaison avec lui. Afin de tourner la page de cet imbroglio, elle partit avec lui en Sarre. Cette communauté de convenance ne les a jamais vraiment rendus heureux. Anneliese ne trouva même plus de consolation devant son piano, ses mains étant percluses de rhumatismes. Cependant, la proximité géographique de la France, et justement la fameuse tante de Paris que l'on avait rejetée, la rendaient toujours pensive.

Que sa fille cadette se mette à la recherche de ses traces, elle n'aurait jamais imaginé cela. Mais ce fait l'aurait certainement remplie de joie.
(voir aussi la biographie fictive de Hedi Schulitz « Die Schattenfrau » – la femme dans l'ombre – Lindemanns Bibliothek, Karlsruhe, 2014)

IMMER IN ERWARTUNG

Elisabeth, geboren 1919 in Kaiserslautern
Text von Gabriele Medgenberg

Ein Frauenschicksal des 20. Jahrhunderts in der Südpfalz

Elisabeth Kampmann wurde 94 Jahre alt und verstarb 2014 kurz nach der Besprechung des aufgezeichneten Interviews. Trotz ihres schweren Lebens zeigte sie bei ihrem Rückblick keine Verbitterung, sondern relative Zufriedenheit und Gelassenheit.

Anonymer Eintritt ins Leben

Ihr Leben war von Anfang an nicht einfach. Elisabeths Mutter arbeitete als Büglerin in Landau in der Pfalz. Zur Geburt ihrer unehelichen Tochter ging sie 1919 ins weiter entfernte Kaiserslautern, um dort unerkannt entbinden zu können. Sie gab ihr Neugeborenes dort direkt nach der Geburt in eine Pflegefamilie, wo Elisabeth die ersten sechs Lebensjahre verbrachte. An diese ersten sechs Jahre ihres Lebens hat sie überhaupt keine Erinnerungen mehr. Diese Zeit wurde wohl auch später tabuisiert, und keiner fragte sie danach.

Über ihren Vater konnte Elisabeth trotz vieler Nachfragen von ihrer Mutter nichts erfahren. Diese schwieg eisern, wenn ihre Tochter später das Thema ansprach. Nur einen einzigen Satz brachte sie aus der Mutter heraus, die stoisch wiederholte Antwort: „Er ist gestorben". Auch von anderen Verwandten erhielt sie keine Auskünfte über ihren Vater. Im Gespräch bemerkte sie dazu, man wolle doch immer etwas über seinen Vater wissen, wenn er anonym bleibe.

Die sechsjährige Elisabeth mit ihren Pflegeeltern in Steinweiler/Pfalz, 1925.

Elisabeth âgée de six ans avec ses parents d'accueil à Steinweiler/Palatinat en 1925.

TOUJOURS DANS L'ATTENTE

Elisabeth, née en 1919 à Kaiserslautern
Texte traduit par Patrick Wolff et Odile Mathieu

Le destin d'une femme du vingtième siècle dans le Sud du Palatinat

Elisabeth a vécu jusqu'à l'âge de 94 ans et elle est morte en 2014, peu après ce dernier entretien. Malgré la dureté de sa vie, elle n'a exprimé aucune amertume dans ce retour sur son passé mais au contraire une relative sérénité et un certain contentement.

Une discrète entrée dans la vie

Sa vie, dès le début, ne fut pas simple. La mère d'Elisabeth travaillait comme repasseuse à Landau dans le Palatinat. Pour la naissance de sa fille conçue hors mariage, elle s'éloigna en 1919 jusqu'à Kaiserslautern pour pouvoir y accoucher sans être reconnue. Là-bas, elle confia le nouveau-né dès la naissance à une famille d'accueil, dans laquelle Elisabeth passa les six premières années de sa vie. De ces six premières années elle ne garde absolument aucun souvenir. Il faut dire aussi que par la suite cette période resta taboue et que personne ne lui en demanda davantage.

Sur son père, malgré ses nombreuses questions, elle ne put jamais rien apprendre par sa mère. Celle-ci se mura par la suite dans un silence de plomb quand sa fille abordait la question.

Die Anonymität ihres Vaters hat Elisabeth zeitlebens immer wieder beschäftigt, und sie stellte Vermutungen an, z.B. er könne vielleicht ein Soldat des Ersten Weltkriegs gewesen sein. Die Herkunft ihres Vaters war wohl ein Familiengeheimnis.

Die neue Pflegefamilie

1925 kam Elisabeth mit sechs Jahren in eine zweite Pflegefamilie nach Steinweiler, einem Dorf in der Südpfalz, zu einer Tante ihrer Mutter. „Ich will zu meiner Marie", hätte sie damals gerufen, als sie zum zweiten Mal in ihrem jungen Leben von ihrer Mutter Marie einer fremden Familie übergeben wurde. Die Pflegemutter und ihr Mann hatten einen kleinen Bauernhof, sie waren schon älter, hatten keine eigenen Kinder und behandelten das Pflegekind gut. Einige Jahre später kam in die Familie noch ein zweites Pflegekind dazu, der Sohn einer ebenfalls ledigen Mutter. Dadurch hatte Elisabeth einen einige Jahre jüngeren „Ersatzbruder", mit dem sie zusammen die evangelische Volksschule im Ort besuchte.

Von der Pflegemutter wurden die beiden Kinder gleich und gut behandelt und nicht streng und gewaltfrei erzogen. Körperliche Bestrafungen waren zu dieser Zeit in vielen Familien und in den Schulen noch sehr oft üblich. Elisabeth hatte ein gutes Verhältnis zu ihrer Pflegemutter bis zu deren plötzlichen Tod. Zu ihr sagte sie „Mutter". Für ihre Kinder war sie später die „Oma", die noch bei der Betreuung der Ersatzenkel mithalf.

Ihre leibliche Mutter sprach Elisabeth dagegen immer mit deren Vornamen „Marie" an. Marie ließ sich nur sporadisch in der Pflegefamilie sehen. Sie lebte zusammen mit ihrer Zwillingsschwester und deren unehelicher Tochter in Landau – nur einige Kilometer von der abgegebenen Tochter entfernt.

Kinderjahre und zerplatzte Träume

An ihre Kinderjahre und Schulzeit im Dorf hat Elisabeth viele schöne Erinnerungen. Es wurde viel im Freien gespielt, im Winter fuhren sie „Eiskärchel" (Eiskarren). Dabei wurde ein kleiner Transportwagen, der Eiskarren, über das Eis gezogen. In einer Mühle außerhalb des Dorfes spielten die Kinder öfter „Theater". Es wurden Hochzeitsfeiern und andere Familienfeste, die sie im Dorf erlebten, von ihnen nachgespielt. Die Interviewte berichtet auch von einer ersten Jugendliebe in dieser Zeit. Ein Mitschüler aus ihrer Klasse hätte sie oft nach dem Unterricht nach Hause bis ans Hoftor begleitet.

Elle ne réussit à lui soutirer qu'une seule phrase, répétée stoïquement : « Il est mort. ». Elle n'arriva pas davantage à arracher des autres membres de sa famille la moindre information sur son père. Au cours de l'entretien, elle ne manqua pas de dire, qu'une personne dont le père reste anonyme ne peut pas pour autant s'arrêter de s'interroger sur lui.

L'anonymat de son père a préoccupé Elisabeth sa vie durant et elle échafaudait des hypothèses, par exemple qu'il ait pu être un soldat de la première guerre mondiale. L'identité de son père est restée un vrai secret de famille.

Une nouvelle famille d'accueil

En 1925, Elisabeth alors âgée de six ans, arriva dans une seconde famille d'accueil à Steinweiler, village au Sud du Palatinat, chez une tante de sa mère. « Je veux aller chez ma Marie » se serait-elle écriée au moment où, pour la deuxième fois dans sa courte vie, sa mère Marie l'abandonnait à une famille étrangère. La mère d'accueil et son mari avaient une petite ferme, ils étaient assez âgés, sans enfant, et la traitaient bien. Quelques années plus tard, un deuxième enfant fut confié à la famille, le fils d'une mère célibataire. En lui Elisabeth trouva une sorte de frère un peu plus jeune, avec qui elle fréquenta l'école communale protestante.

La mère d'accueil fut bienveillante et juste avec les deux enfants et les éduqua sans dureté ni violence. Les châtiments corporels étaient à cette époque encore monnaie courante dans bien des familles autant qu'à l'école. Elisabeth eut une bonne relation avec sa mère d'accueil jusqu'à sa mort subite. C'est elle qu'elle appelait « maman » et pour ses propres enfants elle fut plus tard la « mamie » et participa encore à la garde des petits.

Sa mère biologique, par contre, Elisabeth l'appelait par son prénom, « Marie ». Marie ne faisait que de rares apparitions dans la famille d'accueil. Elle vivait avec sa sœur jumelle et la fille naturelle de cette dernière à Landau – à quelques kilomètres seulement de son enfant délaissée.

Années d'enfance et rêves éclatés

Elisabeth garde beaucoup de bons souvenirs de ses années d'enfance et d'école. On jouait beaucoup dehors. En hiver, on faisait du « traîneau sur glace » : on tirait une petite carriole sur la glace. Dans un moulin à l'extérieur du village, les enfants s'amusaient souvent à monter des représentations théâtrales; leur saynètes s'inspiraient des noces ou des fêtes de famille auxquelles ils avaient participé. Elle

Zu ihrer Konfirmation gab es als Geschenk eine Torte, was in der damaligen Zeit und in dieser Familie schon etwas Besonderes war. Noch im hohen Alter bedauert Elisabeth sehr ihre leider so kurze Schulzeit, sie wäre so gern weiter auf die Höhere Schule gegangen. Vor dem Abschluss der Volksschule, 1933, bestellte der Lehrer die Pflegemutter zum Gespräch und empfahl für seine Schülerin den Weiterbesuch der Höheren Schule in Landau. Die Pflegeeltern lebten von einer kleinen Landwirtschaft, und noch bevor Elisabeth die Volksschule beendet hatte, starb ihr Pflegevater.

Mutter Marie war an ihrer Tochter und deren beruflichen Werdegang nicht besonders interessiert und kümmerte sich überhaupt wenig um sie. Der Traum vom Besuch der weiterführenden Schule scheiterte am fehlenden Geld. So gab die gute Schülerin, die voller Freude gelernt hatte, ihren geheimen Berufswunsch auf; sie wäre so gern Volksschullehrerin geworden. Stattdessen musste sie – wie so viele ihrer Generation – nach dem Schulabschluss mit vierzehn Jahren Geld verdienen.

Früh beginnt der „Ernst des Lebens", aber auch das kurze Glück

Zunächst arbeitete Elisabeth als Hausangestellte und Tagelöhnerin in landwirtschaftlichen Betrieben im Dorf. Es war die Zeit der hohen Arbeitslosigkeit in Deutschland. Über private Beziehungen erhielt sie 1934, mit gerade 15 Jahren, eine Stelle als Pflegehelferin und Hausangestellte in einem Behinderten-, Alten- und Pflegeheim in Landau. Dort musste sie schwer arbeiten: von sechs Uhr morgens bis spät abends. Sie hatte einen freien Nachmittag pro Woche und alle vierzehn Tage einen freien Sonntag. Ihr Monatslohn betrug anfangs dreizehn Reichsmark (später dann dreißig), dazu freie Verpflegung und Unterbringung im Dreibett-Zimmer!

Elisabeth im Alter von 16 Jahren, 1935.

Elisabeth à l'âge de 16 ans en 1935.

In diesem Heim lernte Elisabeth mit 17 oder 18 Jahren ihren späteren Ehemann kennen. Er arbeitete dort als Erzieher und Pfleger auf der Männerstation. Nach Kriegsbeginn wurde das Heim als Lazarett gebraucht, und Elisabeth wurde mit den jungen Insassen

évoque aussi un premier amour de jeunesse, un camarade de classe qui l'aurait souvent accompagnée à la sortie de l'école jusqu'au portail de la ferme.

Pour sa confirmation, elle reçut en cadeau une tarte, ce qui en ces temps-là et dans cette famille sortait déjà de l'ordinaire. Dans son grand âge Elisabeth regrettait encore le temps trop court, hélas, où elle était écolière, elle aurait tant aimé poursuivre ses études. A la fin de sa scolarité primaire en 1933, le maître fit venir la mère d'accueil et lui conseilla de faire poursuivre à son élève des études dans une classe supérieure à Landau. Les parents d'accueil d'Elisabeth vivaient d'une petite exploitation agricole, et avant qu'elle n'ait fini sa scolarité primaire, le père de famille mourut.

Sa mère Marie ne s'intéressait guère à sa fille ni à sa formation professionnelle et en fait se préoccupait très peu d'elle. Le rêve de poursuivre ses études et d'ouvrir son horizon s'éteignit faute d'argent. C'est ainsi que l'écolière douée, qui avait tant aimé apprendre, dut renoncer au métier qu'elle désirait en secret – elle aurait adoré devenir institutrice. Au lieu de cela, elle dut – comme tant d'autres de sa génération – gagner sa vie à 14 ans dès la fin de l'école.

La « vie sérieuse » commence tôt, mais le bonheur est de courte durée

D'abord elle travailla comme employée de maison et comme journalière dans des exploitations agricoles du village. A cette époque le chômage était très important en Allemagne. Grâce à des relations personnelles, elle obtint en 1934, âgée à peine de 15 ans, une place d'aide-soignante et employée dans un établissement de soins pour personnes âgées et handicapées à Landau. Là, elle devait travailler dur de six heures du matin jusqu'au soir, avec un après-midi de libre par semaine et un dimanche sur deux. Son salaire mensuel au début s'élevait à treize Reichsmarks (par la suite trente), en étant nourrie et logée dans une chambre pour trois !

C'est dans cette maison qu'Elisabeth, alors âgée de 17–18 ans, fit la connaissance de son futur mari. Il travaillait là

nach Thüringen in ein Erziehungsheim für schwer erziehbare junge Männer evakuiert. Die junge Frau war dort einige Zeit als Köchin und Hauswirtschafterin eingesetzt.

Ihr späterer Mann wurde von dort aus zum Kriegsdienst eingezogen. Er war im Krieg als Sanitäter tätig, zuerst in Le Havre in Frankreich, später in Russland. Im September 1943 wurde er als vermisst gemeldet. Mit zwei sehr kleinen Kindern wurde Elisabeth im Alter von nur 24 Jahren Kriegswitwe.

Hochzeit im Krieg, 1941.

Mariage pendant la guerre en 1941.

Noch einmal zurück:

Nach der Kriegstrauung Anfang 1941 in Steinweiler und Landau konnte der Vater seine im November geborene Tochter noch bei einigen Urlauben sehen. Die Geburt seines Sohnes Anfang 1943 erfuhr er noch durch eine schriftliche Nachricht, er konnte seinen Sohn aber nicht mehr persönlich erleben. Der Junge erhielt den Vornamen seines Vaters.

Rückblickend sagt Elisabeth bedauernd: „Wir haben kein Familienleben gehabt, haben uns nur in Urlauben während des Krieges gesehen". Ihre gesamte Ehe bestand in der Tat aus gerade mal sechs Heimaturlauben des Mannes während des Krieges, zuletzt an Weihnachten 1942, zwei Monate vor der Geburt des Sohnes.

Der Titel für ihre Biographie „Immer in Erwartung", den die alte Frau in dem Interview sehr spontan und sicher wählte, ist Ausdruck ihres jahrelangen vergeblichen Wartens und Hoffens auf die Rückkehr des Ehemannes. Während der gesamten Kriegszeit – und noch Jahre danach – hoffte sie auf ein Wiedersehen mit ihm.

Zusammen mit der Vermisstenanzeige hatte sie nämlich noch folgende Nachricht erhalten: „Er wurde nach dem Gefecht am Dnjepr an der Feind-Uferseite gesehen". Die junge Frau folgerte daraus, dass er unter Umständen in russische Kriegsgefangenschaft geraten sei. Aus dieser Vermutung heraus lebte sie in der Hoffnung, er könnte eines Tages auch noch als Spätheimkehrer wieder zurückkommen.

comme éducateur et soignant dans la section des hommes. Une fois la guerre déclarée, l'établissement fut utilisé comme hôpital et Elisabeth fut évacuée en Thuringe avec les jeunes pensionnaires, dans un établissement éducatif pour adolescents en grosse difficulté. La jeune femme y fut employée quelque temps comme cuisinière et gestionnaire.

Son futur mari quant à lui fut retiré de l'établissement pour être enrôlé dans l'armée en guerre. Il servit comme brancardier, d'abord au Havre en France, ensuite en Russie. En septembre 43, il fut porté disparu. Avec deux tout petits enfants, Elisabeth devint veuve de guerre à 24 ans.

Petit retour en arrière

Après son mariage en pleine guerre, à Steinweiler puis à Landau début 1941, le père put encore voir sa fille née en novembre 1941 lors de quelques permissions. Il apprit encore la naissance de son fils début 1943, par courrier, mais il ne lui fut plus possible de le rencontrer. On donna au bébé le prénom de son père.

« Nous n'avons pas eu de vie de famille, nous ne nous sommes vus que pendant les permissions de guerre » regretta Elisabeth. Toute sa vie de couple se résume à six permissions du mari, la dernière pour Noël 1942, deux mois avant la naissance de leur fils.

« Toujours dans l'attente », ce titre qu'Elisabeth âgée a choisi spontanément et sans hésiter pour sa biographie témoigne de son attente vaine pendant des années et son espoir : que son mari revienne de la guerre. Pendant toute la durée de la guerre et encore des années plus tard, elle espérait le retrouver.

En même temps que l'annonce qu'il était porté disparu, on lui avait rapporté que « après la bataille sur le Dniepr il avait été aperçu sur la rive ennemie ». La jeune femme en tirait la conclusion qu'il avait peut-être été fait prisonnier de guerre par les Russes. Forte de cette présomption elle vivait dans l'espoir qu'il pourrait peut-être encore revenir un jour parmi les derniers libérés.

Die 25-jährige Kriegswitwe Elisabeth mit ihren Kindern, 1944.

Elisabeth veuve de guerre à 25 ans, avec ses enfants en 1944.

Bis an ihr Lebensende ließ sie ihren Mann nicht für tot erklären. Erst nach Kriegsende 1945 erhielt die junge Mutter Witwen- und Waisenrente. Während des Krieges arbeitete sie bei Bauern und übernahm Dienstleistungen in anderen Familien im Ort, um sich mit den beiden kleinen Kindern durchbringen zu können.

Angesprochen auf das Thema „Nationalsozialismus" berichtet Elisabeth, dass sie zunächst – wie so viele damals in Deutschland – eine begeisterte Anhängerin der NS-Ideologie gewesen war. An den Veranstaltungen des BDM („Bund deutscher Mädel") habe sie aktiv und gern teilgenommen. Sie war über den Abtransport von Juden informiert, denn ihre Mutter arbeitete als Büglerin in jüdischen Familien in Landau.

Erst im Verlauf des Krieges änderte sie ihre Haltung, wurde kritischer und skeptischer. Ihr sechs Jahre älterer Mann sei von Anfang an weniger überzeugt gewesen als sie. Über seine Kriegserlebnisse habe er allerdings kaum mit ihr gesprochen. Wie in vielen deutschen Familien wurden damals bestimmte Themen tabuisiert.

Zurückblickend kann die Hochbetagte sagen, dass sie mit allen beruflichen Tätigkeiten keine besonderen Probleme im Leben hatte. Geprägt durch die sehr bescheidenen Verhältnisse, in denen sie aufgewachsen war, und durch ihren Status als uneheliches Kind in einer Pflegefamilie musste sie – im Gegensatz zu vielen anderen Kindern im Dorf – sich früh anpassen und unterordnen.

Ihre Kindheitserfahrungen und die entbehrungsreichen Kriegsjahre beeinflussten sicher auch ihre Lebens- und Erziehungsmaxime: *Bescheidenheit, Zufriedenheit, Gläubigkeit, Fleiß, Pflichtbewusstsein, Achtung vor den Mitmenschen, Hilfsbereitschaft, u.a.m.*

Jusqu'à la fin de sa vie elle refusa de considérer son mari comme mort. Ce n'est qu'après la fin de la guerre que la jeune mère toucha une pension de veuve et une allocation pour ses enfants orphelins. Pendant la guerre elle travailla chez des paysans et se mit au service de plusieurs familles sur place pour s'en sortir avec ses deux petits.

Quand on a abordé la question du national-socialisme, Elisabeth a raconté qu'au début – comme tant d'autres à cette époque en Allemagne – elle était une adepte enthousiaste de l'idéologie du national-socialisme. Elle avait participé activement et de bon cœur aux manifestations du BDM (mouvement des jeunes filles allemandes). Elle était informée de la déportation de Juifs car sa mère travaillait comme repasseuse dans des familles juives à Landau.

Sa position ne changea que plus tard, avec l'évolution de la guerre, elle devint plus critique et plus sceptique. Son mari, qui avait six ans de plus qu'elle, avait été dès le début bien moins convaincu, à son avis. Il n'avait pratiquement pas parlé avec elle de ce qu'il avait vécu pendant la guerre. Comme dans beaucoup d'autres familles allemandes certains thèmes étaient devenus tabous à cette époque.

La dame âgée, quand elle considère son passé, peut dire qu'avec toutes ses activités professionnelles elle n'a pas eu de problèmes particuliers dans sa vie. Façonnée par les conditions très modestes de sa jeunesse et par son statut d'enfant

Das schwere Schicksal vieler Kriegswitwen ertrug sie mit Würde, Geduld und Aufopferungsbereitschaft. Albert Schweitzer und Pastor von Bodelschwingh waren ihre besonderen Vorbilder.

Familie, Beruf, Ehrenamt – und alles allein

Über dreißig Jahre lang arbeitete Elisabeth in einer Bäckerei im Ort, in der sie wie ein Familienmitglied geschätzt wurde. Sie zog in dieser Familie auch deren Kinder mit auf, die sie bis zuletzt „Tante" nannten.

Neben ihren beruflichen und familiären Tätigkeiten engagierte sich Elisabeth viele Jahre ehrenamtlich in der Evangelischen Kirche. Sie wurde als erste Frau im Dorf in das Presbyterium gewählt, wie sie nicht ohne Stolz berichtet. Bis ins hohe Alter begleitete sie die jeweiligen Pfarrer bei ihren Krankenbesuchen. Im Dorf hatte sie die Rolle der Sozialarbeiterin und „Seelsorgerin", sie besuchte Kranke, Alte und Hilfsbedürftige. Die Leid- und Lebenserfahrene hörte zu, tröstete und hatte viel Verständnis für die Probleme anderer. Aufgrund ihres sozialen Engagements und ihrer Ehrenämter wurde dieser außergewöhnlichen Persönlichkeit von den Dorfbewohnern besondere Anerkennung und Wertschätzung entgegengebracht.

Mit ihrer bescheidenen Witwenrente konnte Elisabeth sich nach dem Krieg keine größeren Reisen erlauben. Sie nahm an Gemeindeausflügen teil, die damals zunächst nicht über die Grenzen hinaus angeboten wurden. Sie gönnte sich auch einige Omnibusfahrten, u.a. ins Elsass nach Strasbourg und Colmar. Während des Krieges besuchte sie einmal ihren Schwager im Elsass, der mit seiner Familie dort evakuiert war.

Die Frage nach noch vorhandenen Herzenswünschen beantwortete die 93-Jährige schnell und spontan: „Ein Haus für mich, eine Reise nach Bayern,

Elisabeth mit 93 Jahren im Jahr 2012.

Elisabeth âgée de 93 ans en 2012.

illégitime en famille d'accueil, elle a été obligée très tôt – à la différence de bien d'autres enfants du village – de s'adapter et de se soumettre.

Ses expériences d'enfant et les années de privations pendant la guerre ont sûrement influencé aussi ses principes de vie et d'éducation : *être modeste, se satisfaire de son sort, garder sa foi, son désir de bien faire, être conscient de son devoir, respecter ses semblables, être prêt à aider.*

Le dur destin de bien des veuves de guerre, elle l'a supporté avec dignité, patience et abnégation. Albert Schweitzer et le pasteur von Bodelschwingh lui ont particulièrement servi d'exemple.

Famille, travail, bénévolat – et toujours toute seule

Pendant plus de trente ans Elisabeth a travaillé dans une boulangerie du village où elle était appréciée comme un membre de la famille. Elle a aussi aidé à élever les enfants de cette famille, qui jusqu'au bout l'ont appelée « tante ».

A côté de ses activités professionnelles et familiales, elle s'est engagée pendant de nombreuses années à titre bénévole dans l'Eglise protestante. Elle a été la première femme du village à être élue au Conseil presbytéral, ce qu'elle mentionne avec quelque fierté. Jusqu'à un âge avancé elle a accompagné les pasteurs successifs dans leurs visites aux malades. Au village, elle faisait fonction d'assistante sociale et de « gardienne des âmes », elle visitait les malades,

eine Kreuzfahrt". Einen dieser Wünsche hat ihr Sohn, dem sie ein Ingenieur-Studium ermöglichte hatte, ihr erfüllt. Für seine Mutter plante und baute er ein altersgerechtes, barrierefreies Haus mit Garten im Ort. Leider musste sie dort aus familiären Gründen nach einigen Jahren wieder ausziehen und ging in eine Mietwohnung.

Im Alter von 77 Jahren musste Elisabeth dann auch noch den Freitod ihres Sohnes und das Auseinanderbrechen familiärer Beziehungen verkraften.

Aufgrund der vielen harten Schicksalsschläge, die Elisabeth in ihrem langen Leben ertragen musste, nennt sie als Lebensmotto: *„Durchhalten und Stillhalten."*

Die altersweise Frau dachte lange über die Frage nach, was sie künftigen Generationen an Ratschlägen mit auf den Weg geben könnte. Aus ihrer reichen Lebenserfahrung heraus äußerte sie die Erkenntnis, man solle die Mitmenschen so lassen und annehmen, wie sie nun mal sind, denn man könne sie nicht ändern. Und ihr Rat an Jüngere: „Sie sollen da, wo sie stehen, es richtig machen", d.h. sich dort, wo sie sind, ganz einsetzen und engagieren. Mit dieser Einstellung hatte auch sie selbst ihre verschiedenen Einsatzplätze und Herausforderungen des Lebens bewältigt und anderen vorgelebt.

les personnes âgées et nécessiteuses. Elle écoutait, consolait, avec une grande compréhension des problèmes d'autrui – d'autant qu'elle avait elle-même vécu suffisamment d'épreuves. En raison de son engagement social et de son bénévolat, cette personnalité hors du commun a été particulièrement reconnue et appréciée par les habitants du village.

Sa modeste pension de veuve n'a pas permis à Elisabeth de s'offrir de grands voyages après la guerre. Elle a participé à des excursions organisées par la commune, qui à son époque ne dépassaient pas les frontières. Elle s'est payé aussi quelques sorties en autocar, à Strasbourg et Colmar en Alsace. Pendant la guerre elle alla un jour rendre visite à son beau-frère en Alsace ; il y avait été évacué avec sa famille.

Quand on lui demande s'il reste des souhaits qui lui tiennent à cœur, la femme de 93 ans a la réponse vive et spontanée : « Une maison à moi, un voyage en Bavière, une croisière ».

L'un de ces vœux a été exaucé par son fils, auquel elle avait payé des études d'ingénieur. Pour sa mère il a conçu et construit dans le village une maison adaptée au grand âge, sans obstacles, avec jardin. Malheureusement, pour des raisons familiales, elle a dû de nouveau déménager après quelques années et s'installer en appartement locatif.

A l'âge de 77 ans Elisabeth a encore dû surmonter l'éclatement des liens familiaux et le fait que son fils avait décidé de mettre fin à ses jours.

En raison de tous ces coups du sort très durs qu'Elisabeth a dû supporter durant sa longue vie, elle choisit comme devise : « *Tenir le coup, sans faire de vagues* ».

Avec la sagesse du grand âge, cette femme a longuement réfléchi avant de répondre à la question sur les conseils qu'elle pourrait donner comme viatique aux générations futures. En conclusion de sa riche expérience, il lui apparaît qu'on devrait laisser les hommes autour de nous tels qu'ils sont et les accepter car on ne peut pas les changer. Et voici son conseil aux jeunes : « Là où vous êtes, faites de votre mieux ». Cela veut dire s'engager entièrement là où on se trouve.

C'est avec cette conception qu'elle a pu, elle aussi, faire face à ses divers engagements ainsi qu'aux exigences de la vie et ouvrir le chemin à d'autres.

BOMBARDIERUNG UND ÜBERLEBEN

Irene, geboren 1920 in Mannheim
Deutsche Übersetzung von Charlotte Esch

„Lebenserinnerungen"

Meine Kindheit und meine Jugend waren von Sprichwörtern begleitet. „Zähne zusammenbeißen!", „Spare dir deine Krokodilstränen für etwas Wichtigeres!" oder auch „Lerne schweigen ohne zu klagen!". Sie sind in mein Gedächtnis eingegraben für immer!

Ich heiße Irene und bin 1920 in Mannheim (Deutschland) geboren. Bis 1925 lebte ich zusammen mit meiner um vier Jahre älteren Schwester Greta, meinen Eltern und Tante Gretchen, einer Tante mütterlicherseits. Zwischen der Geburt meiner Schwester und mir hatte meine Mutter (laut ihrer Aussage) etliche Fehlgeburten, was ihre Gesundheit sehr geschwächt hatte. Als ich fünf Jahre alt war, ließen sich meine Eltern scheiden und heirateten andere Partner.

Meine Mutter und ihr zweiter Ehemann bauten ein Haus in Käfertal, und die Familie vergrößerte sich mit zwei Halbbrüdern. Hans, der ältere, wurde 1930 geboren, er war zweifellos der Liebling meiner Mutter. Richard kam 1936 zur Welt. Für uns vier Kinder war die Erziehung drastisch, streng und hart, genau wie die Epoche, in der wir lebten. Meine Mutter, „Mutti" genannt, stammte aus einer einfachen Familie, wie die meisten Haushalte Ende des 19. Jahrhunderts. Meine Großmutter mütterlicherseits war Hausfrau, mein Großvater Steinhauer. Die Familie war evangelisch, aber der Großvater war ein Freidenker. Beide Großeltern waren nicht gesprächig und erzählten nur wenig über ihr Leben. So weiß ich nur, dass ihr Alltag sehr hart war. Über Freizeitbeschäftigungen wurde damals nicht gesprochen, sie waren ja auch noch nicht an der Tagesordnung.

Irene im Alter von acht Jahren mit ihrer Mutter, 1928.

Irene à l'âge de huit ans avec sa mère en 1928.

SURVIVRE AUX BOMBARDEMENTS

Irene, née en 1920 à Mannheim
Texte écrit par ses filles Charlotte Esch et Renée Pilloud-Esch

« Souvenirs d'une vie »

Aussi loin que je me souvienne, toutes les périodes de prime enfance et de jeunesse ont été ponctuées de maximes ou d'expressions tels que : « serre les dents », « réserve tes larmes de crocodile pour des causes plus importantes », « sache te taire sans te plaindre ».
Elles sont restées ancrées en moi à tout jamais.

Je m'appelle Irene et je suis née en 1920 à Mannheim (Allemagne). Jusqu'en 1925, j'ai grandi entre ma sœur Margarethe (Greta), mon aînée de quatre ans, mes parents et ma tante maternelle (Gretchen). Entre la naissance de ma sœur et la mienne, ma mère a – selon ses dires – eu plusieurs fausses couches. Sa santé en a été sérieusement affectée par la suite ! L'année de mes cinq ans, mes parents ont divorcé puis chacun s'est remarié de son côté.

Ma mère et son nouvel époux ont construit une maison à Käfertal et la famille s'est agrandie de deux demi-frères. L'ainé, Hans né en 1930, le préféré de notre mère, et Richard né en 1936. Toujours est-il, que pour nous quatre, l'éducation a été drastique, stricte et dure !

Tout comme la situation de cette époque. Ma mère (Mutti) est issue d'une famille modeste comme la majeure partie des foyers de cette fin de siècle. Ma grand-mère maternelle était femme au

Meine Großeltern zogen ihre Töchter auf: Gretchen, geboren 1897, und Anna, meine Mutter, geboren 1898. Tante Gretchen blieb ledig und kümmerte sich um ihre Mutter bis zu deren Tod 1959.

Meine Kindheit und Jugend

Meine Mutter Anna liebte ich abgöttisch, doch erinnere ich mich vor allem an ihren jähzornigen und gewalttätigen Charakter. War dies ihre Natur oder war es bedingt durch die Lebensumstände: die Trennung von meinem Vater, ihre sich verschlechternde Gesundheit und ständig das fehlende Geld für die Erziehung ihrer Töchter? Auf jeden Fall war meine Kindheit sehr hart. Als fünfjähriges Mädchen begleitete ich meine Mutter morgens um fünf Uhr, um Büros zu reinigen. Mit sechs Jahren wurde ich eingeschult, durfte morgens aber erst zur Schule gehen, nachdem ich alle Papierkörbe der Büroräume geleert hatte. Auch was die Schulergebnisse betraf, verlangte unsere Mutter sehr viel von uns, wir mussten die besten Noten nach Hause bringen. Zum Glück waren Greta und ich gute Schülerinnen.

Einmal pro Woche gingen meine Schwester und ich zu unserem Vater, um das Kindergeld abzuholen: 2,50 Reichsmark pro Woche und pro Kind. Nach der Wiederverheiratung unserer Mutter im Jahr 1928, dem Hausbau und der Geburten der zwei Halbbrüder war jeder Pfennig willkommen.

Während der Jugendzeit kümmerte ich mich täglich nach dem Schulunterricht um den Haushalt, besorgte die Einkäufe und beaufsichtigte die kleinen Brüder, um Mutti, die auswärts arbeitete, zu entlasten. Mein Bruder Hans wurde sozusagen von mir großgezogen. Dennoch fand ich Zeit, um mich mit meinen gleichaltrigen Schulkumpels zu vergnügen. Manche wurden während der Kriegsjahre sehr wertvolle Freunde. Diese Freundschaften hielten bis an deren Lebensende. Ich sah sie gehen, einen nach dem anderen.

Von meinen Schulkameradinnen waren Elsa und Erika meine liebsten Freundinnen. Wir trafen uns praktisch bis zu ihrem Lebensende, entweder bei ihnen in Deutschland oder bei mir im Elsass. Dann waren da auch noch diejenigen, mit welchen ich konfirmiert wurde, die Kameraden vom Jugend- und vom Kirchenchor, mit denen ich sang, Fahrradtouren machte, im Sommer im Neckar schwamm oder amüsante Spritztouren in die Stadt unternahm.

Das Singen hat mich eigentlich durch mein Leben begleitet. Ich sang als Hausfrau und Mutter, während ich die Wäsche und den Haushalt erledigte, oder wenn im Dorf gesungen wurde, aber auch im Familienkreis mit Frauen und Kindern.

foyer et mon grand-père tailleur de pierres. La famille était protestante mais le grand-père était un libre penseur. Pas très diserts sur leur parcours de vie, je sais juste que leur quotidien fut très dur. Les distractions n'étaient guère à l'ordre du jour. Mes grands-parents ont élevé leurs deux filles Gretchen née en 1897 et Anna (ma mère) née en 1898. Tante Gretchen, restée célibataire, s'est occupée de sa mère jusqu'au décès de cette dernière en 1959.

Mon enfance et ma jeunesse

Pour en revenir à ma prime jeunesse, malgré l'amour – qui frisait l'adulation – que je portais à ma mère, je me rappelle surtout de son caractère irascible et violent. Etait-ce sa nature, ou était-ce dû aux circonstances de la vie, la séparation d'avec mon père, sa santé qui déjà s'altérait, le peu d'argent pour assumer l'éducation de ses filles ? En tous les cas, mon enfance fut plutôt difficile. Petite fille – j'avais cinq ans – j'accompagnais ma mère à cinq heures du matin pour faire le ménage dans des bureaux. J'ai commencé l'école à six ans et je rejoignais ma classe après avoir vidé les corbeilles à papier dans les bureaux. Quant aux résultats scolaires, Mutti était très exigeante, il fallait bien entendu rapporter les meilleures notes ! Par chance, Greta et moi, nous étions de bonnes élèves.

Ma sœur et moi allions une fois par semaine chez notre père pour toucher notre pension alimentaire, ce qui représentait à l'époque 2.50 DM/semaine ! Après le remariage de notre mère en 1928, la construction de la maison et la naissance de mes deux demi-frères, chaque sou était le bienvenu.

A l'adolescence, après les cours, la routine établie se résumait ainsi : ménage, courses et surtout surveillance des jeunes frères pour soulager Mutti qui travaillait. J'ai pratiquement élevé toute seule mon frère Hans. Et pourtant, je trouvais le moyen de m'amuser un peu avec mes camarades d'école. Certains sont devenus des amis précieux durant les temps de guerre et cette amitié a perduré jusqu'à leurs décès respectifs…. Je les ai vus hélas partir, tous, les uns après les autres !

Parmi ces camarades d'école (Schulkumpel), il y avait mes amies Elsa et Erika. Nous nous sommes retrouvées pratiquement tous les ans jusqu'à la fin de leur vie, soit chez elles en Allemagne ou chez moi en Alsace. Par ailleurs, Il y avait celles et ceux avec qui j'ai fêté ma confirmation au temple protestant, ceux de la chorale des jeunes et ceux de la chorale de la paroisse, des adolescents avec qui je chantais et partageais des sorties á vélo, des baignades dans le Neckar durant la belle saison et des virées amusantes en ville. Le chant m'a d'ailleurs accompagnée ma vie durant (plus tard, en tant que mère de famille, j'ai chanté

Meine Jugendzeit war wie bei den anderen: erst die Schule, dann der Haushalt und danach das Vergnügen. Es gab natürlich auch Spannungen zwischen meiner Schwester und mir bezüglich der Haushaltsarbeiten und der Aufsicht der kleinen Brüder. Da sie vier Jahre älter war als ich, fühlte sie sich immer berechtigt – vielleicht auch verpflichtet –, mir Anordnungen auszuteilen, obwohl Mutti die Tagesaufgaben schon für jede von uns ganz genau eingeteilt hatte.

Als sich die Gesundheit von Mutti zusehends verschlechterte, war sie 36 Jahre alt. Wir Kinder wussten nicht, worunter unsere Mutter litt. Auch von unserer Großmutter und unserer Tante bekamen wir keine Erklärung dafür. Vielleicht wussten sie es selbst nicht, oder sie wollten uns schützen. Oder war es das heilige Gesetz des Schweigens, weil man darüber nicht sprach?

„Exil" im Schwarzwald

Nach der Schulpflicht und meiner Konfirmation an Ostern 1935 wollte ich Floristin werden, aber die damalige Politik machte mir einen Strich durch die Rechnung: Ich wurde aufs Land geschickt. Hitler, der schon seit 1933 an der Regierung war, erließ ein Dekret, dass die Stadtkinder zum Arbeiten aufs Land und die Landkinder in die Stadt in die Geschäfte und Fabriken geschickt werden mussten. Dies wurde „R.A.D." (Reichsarbeitsdienst) genannt. Ich wurde also vom Jugendamt nach Strittmatt im Schwarzwald in die Familie des Dorfschmieds zur „Ausbildung" geschickt. Für mich, noch nicht einmal 15 Jahre alt, schmächtig und klein (1,52 cm), war die Arbeit schwer zu ertragen: Haushalt, Hilfe im Stall, auf den Äckern und ähnliches gehörten dazu.

Das Haus wurde von der strammen Bäuerin geführt. Sie regierte mit Meisterhand über ihr „Völkchen", den Schmied, einen brummigen Ehemann, und zwei kräftige Kerle von Söhnen. Aber mir gegenüber war sie gut und gerecht und gab mir öfter kleine Extras, Essen oder Geld. Und, was nicht üblich war, sie erlaubte mir, einmal pro Woche meiner Mutter zu schreiben. Einmal wöchentlich musste ich die obligatorische Hauswirtschaftsschule besuchen, und mit der Zeit lernte ich auch die Dorfjugend kennen. Auch der Kirchgang war obligatorisch. Ich bin evangelisch; die Leute von Strittmatt waren zu 90% katholisch. So musste ich im Sommer und Winter zu Fuß in die vier bis fünf Kilometer entfernte Kirche gehen.

In Strittmatt habe ich unvergängliche Freundschaften geschlossen. Später schlossen diese auch meinen Mann und unsere Kinder ein. Letztere sagen noch heute „Tante" und „Onkel" zu ihnen.

en faisant ma lessive, j'ai chanté lors de diverses réunions au village, nous chantions en famille, etc.).

Mon adolescence ressemblait donc à celle de tous mes amis : d'abord l'école, puis les travaux ménagers et seulement après les sorties et distractions ! Evidemment, il y eut aussi les « frictions » entre ma sœur et moi concernant les travaux domestiques et la garde des petits frères. Comme elle avait quatre ans de plus que moi elle se sentait toujours obligée de me donner des ordres alors que Mutti avait bien défini le travail à accomplir par chacune !

La santé de Mutti se détériora progressivement. Elle avait alors 36 ans. Nous, les enfants, nous ignorions la nature du mal dont souffrait notre mère. Ni notre grand-mère ni notre tante ne nous ont donné la moindre explication. Peut-être qu'elles n'en savaient rien elles-mêmes ? ou voulaient-elles tout simplement nous préserver ? ou était-ce, la loi sacrée du silence, car on ne parlait pas de ces choses-là ?

« Exil » en Forêt-Noire

A la fin de ma scolarité obligatoire et de ma confirmation à Pâques 1935, j'avais envisagé de devenir fleuriste, mais la politique de l'époque en a décidé autrement : je dus partir à la campagne. Hitler – qui était déjà au pouvoir depuis 1934 – avait décrété que les enfants des villes iraient travailler à la campagne et les enfants des campagnes iraient travailler dans les usines et commerces des villes. On appelait cela le R.A.D. (Reichsarbeitsdienst). Je fus donc envoyée par le bureau de placement de la jeunesse (Jugendamt) à Strittmatt en Forêt-Noire, et placée dans une famille, propriétaire de la forge du village, pour ma « formation ». Pour moi, une enfant toute frêle de même pas 15 ans et de petite taille (1.52 cm), le travail a été éprouvant : ménage, aide domestique, aide à l'étable, aide aux champs, etc….

La maison était dirigée par une fermière qui régnait d'une main de maître sur son monde : un grognon de mari et deux grands gaillards de fils. Mais elle était bonne et juste envers moi et me donnait souvent des petits extras, de la nourriture ou de l'argent de poche. Et, ce qui n'était pas coutumier, elle me permettait d'écrire une fois par semaine à ma mère ! Au fil du temps, en fréquentant les cours du soir hebdomadaires et obligatoires de l'école ménagère, j'ai fait la connaissance des jeunes du village. Le culte dominical était également obligatoire. En tant que protestante – les gens de Strittmatt étaient pratiquement tous catholiques – il me fallait aller à pied, été comme hiver, à l'église d'un village voisin éloigné de 4 à 5 km. J'ai noué des amitiés indéfectibles à Strittmatt. Plus

Nach zwei Jahren auf diesem landwirtschaftlichen Betrieb mit Schmiede habe ich mit Erfolg die Hauswirtschaftsschule abgeschlossen, und es wurde mir eine Stelle als Kellnerin in einem Café in Görwill in der Nähe angeboten.

Meine Familie

In einem merkwürdigen Brief von meiner Mutter gab sie mir, im Großen und Ganzen zufrieden mit dem grundsätzlichen Verlauf meines Lebens, außer den normalen und gewöhnlichen Ratschlägen, die eine Mutter ihrer Tochter gibt, spezielle und gezielte Ermahnungen zum Verhalten in verschiedenen Situationen, mit denen ich in meiner Zukunft konfrontiert werden könnte. Etwas eindringlich Endgültiges ging von diesem Brief aus, es musste ihr sehr schlecht gehen! Dass dies ihr letzter Brief war, wusste ich erst später.

Mutti war sehr krank. Ich fuhr sofort nach Hause nach Mannheim. Wir brachten sie eilig ins Krankenhaus, wo sie Bluttransfusionen bekam. Ich wusste immer noch nicht, an welcher Krankheit sie litt. Von ihrem Krankenbett aus ermahnte sie meine Schwester und mich, auf unsere zwei kleinen Brüder und auf uns sehr acht zu geben. Sie sagte immer wieder: „Passt auf euch auf, ich spüre, es wird Krieg geben!". Mutti starb einige Wochen später – zehn Tage vor meinem siebzehnten Geburtstag – im Oktober 1937. Sie war 39 Jahre alt. Die Diagnose ihrer Krankheit: Blutkrebs (Leukämie). Es war für uns alle eine Tragödie.

Mit meinem Vater, der später wieder heiratete, hatte ich wenig Kontakt. Mein Familienleben zersplitterte nach diesem Drama. Mein Stiefvater heiratete auch ganz schnell wieder. Die Beziehung zwischen ihm, seiner neuen Frau und uns war sehr konfliktbeladen. Meine Schwester mit ihren 21 Jahren und der gerade erworbenen Volljährigkeit dachte nun, alle Vollmachten zu besitzen, und wollte alles bestimmen. Doch half dies alles nichts. Wir vier, meine Großmutter mütterlicherseits, meine Tante, meine Schwester Greta und ich, wurden vor die Tür des Hauses gesetzt, welches meine Mutter und mein Stiefvater gebaut hatten. Trotz der erwähnten Verwandten war ich auf mich selbst gestellt und fühlte mich einsam auf der Welt. Mit siebzehn Jahren musste ich mich völlig alleine durchbeißen.

Der Krieg

In den Schwarzwald kehrte ich nicht zurück. Meinen Freundeskreis fand ich wieder, aber meine Priorität galt der Stellensuche. Schließlich wurde ich von dem Leiter des Kohlenhandels Haniel Mannheim eingestellt. Zuerst als Dienst-

tard, ces relations se sont étendues à mon mari et à mes enfants qui, aujourd'hui encore, appellent ces amis « tante » et « oncle ».

Après deux années sur l'exploitation agricole de la forge, j'ai passé avec succès l'examen de l'école ménagère et un engagement m'a été proposé dans une pâtisserie-café à Görwill, un village proche de Strittmatt, comme serveuse.

Ma famille

Dans une lettre étrange, ma mère pourtant contente du tournant que prenait ma vie, me donna, outre les conseils usuels et normaux d'une mère à sa fille, des recommandations appuyées et détaillées sur la conduite à adopter face à diverses situations auxquelles je pourrais être confrontée au cours de ma vie. Il y avait un je ne sais quoi de définitif qui transpirait de ces lignes qui me firent comprendre qu'elle devait être au plus mal. Ce fut sa dernière lettre, mais je ne le sus que plus tard.

Je suis rentrée à Mannheim en urgence. Mutti était très malade. Il a fallu l'hospitaliser, lui faire des transfusions sanguines de toute urgence. Et je ne savais toujours pas de quoi elle souffrait. Depuis son lit d'hôpital, elle nous exhortait ma sœur et à moi, de prendre bien soin de nos deux frères et de nous. Et elle répétait sans cesse « faites attention à vous, je sens qu'il va y avoir la guerre ! ». Elle est morte quelques semaines plus tard, en octobre 1937, à 39 ans, 10 jours avant mes 17 ans. Le diagnostic de sa maladie : leucémie. Epouvantable tragédie !

J'avais peu de contacts avec mon père remarié de son côté et ma vie familiale s'est délitée à la suite de ce drame. Mon beau-père s'est remarié rapidement. Les relations devinrent très conflictuelles entre nous, ce dernier et sa nouvelle épouse. Ma sœur, à ce moment-là, du haut de ses 21 ans et sa toute nouvelle majorité, s'est crue du coup investie de tous les pouvoirs et voulait tout régenter et régler ! Rien n'y fit, nous avons tout perdu et toutes les quatre, ma grand-mère maternelle (Friedlein-Grossel), ma tante Gretchen, ma sœur Greta et moi-même avons été mises à la porte de la maison construite par ma mère et mon beau-père. Malgré la présence de ma grand-mère, de ma tante et de ma sœur, je me suis retrouvée relativement seule. A 17 ans, j'ai dû me débrouiller.

La guerre

Je ne suis pas retournée en Forêt Noire. J'ai retrouvé mon cercle d'amis. Mais ma priorité a été la recherche d'un emploi. J'ai été embauchée par le directeur

mädchen und Küchengehilfin in seiner Privatwohnung, dann als Gehilfin bei der Büroarbeit. Er wollte, dass ich den Führerschein mache, da schon fast alle Männer bei Hitlers Straßenbauprogramm „eingetreten" waren. Da ich mich keiner Partei angeschlossen hatte, wurde mein Antrag zum Führerschein von den damals zuständigen Ämtern abgelehnt.

Im Jahr 1942, nachdem die Firma Haniel teilweise bombardiert worden und ich arbeitslos geworden war, stellte mich die Deutsche Bahnpost, Briefverteilanlage in Mannheim, ein. Da begegnete ich zum ersten Mal in meinem Leben „Franzosen". Aber diese Franzosen verstanden wir sehr gut, sie redeten unsere Sprache, oder fast, denn ihr Dialekt glich dem von Mannheim. Sie waren Elsässer, und da 1939 durch Hitler das Elsass und Lothringen an Deutschland gelangten, wurden auch sie in den R.A.D. (Reichsarbeitsdienst) nach Deutschland gesandt. Unter ihnen befand sich „Schorsch", mein zukünftiger Ehemann. Ich habe seinen kompletten Namen erst erfahren, als er eine kleine Anmerkung auf ein Paket schrieb, welches an einen seiner Dorfkameraden adressiert war. Im August 1943 wurde „mein Schorsch" zur deutschen Wehrmacht eingezogen. Zuerst schickte man ihn in die Kriegsmarine nach Königsberg, dann nach Pilau in Ostpreußen.

Es waren kaum noch Männer bei der Bahnpost, auch nicht in den Unternehmen, Fabriken und Geschäften. Sie waren alle im Krieg, es blieben nur noch die „Alten" mit 50 Jahren und mehr. Die Arbeit wurde uns Frauen überlassen: Züge in Empfang nehmen, ausladen und wieder aufladen, es war harte Arbeit. Personenzüge fuhren selten, es waren hauptsächlich Waren-Transportzüge und Militärzüge. Der Krieg war überall, und Mannheim wurde nicht verschont. Die Stadt wurde ab 1940 regelmäßig und intensiv bombardiert.

Es gelang meinem Schorsch, mir gelegentlich Nachrichten zukommen zu lassen, damit ich wusste, wo er war. DIE gute Nachricht war: Seine Einheit war für eine gewisse Zeit in Breslau, heute in Polen, stationiert, und Besuch war erlaubt. Sofort beantragte ich Urlaub – Urlaub war zu dieser Zeit etwas ganz Seltenes – und fuhr mit dem Militärzug nach Breslau. Wir erlebten dort ein paar schöne Tage in Glück und Freude.

Die Rückfahrt nach Mannheim war traurig, aber die Arbeit ging weiter. Lange Wochen, sogar Monate danach, blieb ich ohne Nachricht von meinem Verlobten. Ich konnte nur in Erfahrung bringen, dass seine Einheit an die Front, in die Ostländer, verfrachtet wurde, aber nicht, an welchen Ort. Später erfuhr ich von ihm, dass er als deutscher Soldat in Polen, Ungarn und Rumänien kämpfen musste, wo er dann von den Russen und den Rumänen gefangen genommen wurde.

de la société Haniel Kohlenhandel à Mannheim. J'ai d'abord fait le ménage dans sa villa et aidé son épouse à la cuisine, puis il m'a engagée dans son bureau. Il voulait que je passe mon permis de conduire car tous les hommes étaient déjà « enrôlés » par Hitler pour la construction des routes. N'ayant adhéré à aucun parti, la demande pour passer le permis a été rejetée par les autorités pour la raison précitée.

En 1942, après que la sté. Haniel a été bombardée et que je me retrouvais sans travail, j'ai été engagée à la Poste au centre de tri de la gare de Mannheim. C'est là que j'ai rencontré pour la première fois des «Français». Mais ces Français-là, nous les comprenions bien, ils parlaient notre langue – ou plutôt un patois avoisinant celui de Mannheim. Ils étaient Alsaciens, et comme Hitler avait annexé l'Alsace et la Lorraine, tous les jeunes Alsaciens avaient été envoyés au STO (Service du travail obligatoire = Reichsarbeitsdienst) en Allemagne. Parmi ces Alsaciens se trouvait mon « Schorsch », mon futur mari. J'ai su son nom complet le jour où il a mis un petit mot sur un paquet destiné à un copain de son village. En août 1943, mon « Schorsch » fut enrôlé dans la Wehrmacht et dut partir à la marine d'abord à Königsberg puis à Pillau en Prusse Orientale.

Il n'y avait presque plus d'hommes à la « Bahnpost », ni d'ailleurs dans les entreprises, usines ou commerces. Ils étaient tous partis à la guerre, ne restaient que les « vieux » de 50 ans et plus. C'était à nous les femmes qu'incombait tout le travail : réceptionner les trains, les décharger, les recharger, la tâche était dure ! Les trains de voyageurs se faisaient rares, circulaient principalement des trains de marchandises et des trains militaires. La guerre était omniprésente, Mannheim n'a pas été épargnée, la ville a été bombardée dès 1940 avec régularité et intensité.

Mon « Schorsch » avait réussi à me faire passer des messages pour que je sache où il se trouvait. Et un jour, LA bonne nouvelle : son unité était stationnée pour un certain temps à Breslau (aujourd'hui Wroclaw en Pologne) et les visites étaient autorisées. J'ai immédiatement demandé un congé, les congés accordés étaient rares ces années-là, et me suis rendue en train militaire à Breslau. Nous y avons vécu quelques jours de bonheur et de joie.

Triste retour à Mannheim et reprise du travail. Durant de longues semaines, voire des mois, je suis restée sans nouvelles de mon fiancé. J'ai juste su que son unité avait été déplacée au front vers les pays de l'Est, sans savoir exactement où. Il m'a appris par la suite qu'il avait dû – toujours en tant que soldat allemand – combattre en Pologne, en Hongrie et en Roumanie, où il a été fait prisonnier par les Russes et les Roumains.

Oktober 1944: Endlich ein Brief von ihm! Er teilte mir mit, dass eine franko-amerikanische Delegation in Bukarest die Elsässer und Lothringer aus dem russischen Gefangenenlager herausgeholt habe. Er sei nun „frei" in einem Kloster in Bukarest und warte auf ein amerikanisches Militärflugzeug, welches ihn und seine Landsleute zurück ins Elsass bringen sollte. Aber der amerikanische Bomber flog Richtung Italien und lud die Elsässer in Bari ab, wo sie mit dem Zug unter dem Schutz der englischen Armee nach Neapel fuhren. Sie wurden der französischen Armee zugeteilt und nach Marseille auf ein amerikanisches Kriegsschiff gebracht. Aber diese abenteuerlichen Schicksale so vieler Elsässer erfuhr ich erst im Mai 1945. Ich war ja nun mit einem Franzosen, einem „Feind", verlobt…

Der Krieg tobte immer noch, es wurde immer schwieriger, sich in der Stadt zu bewegen und voranzukommen. Mannheim wurde seit 1940 bombardiert, zu dieser Zeit hauptsächlich mit Phosphorbomben, aber auch anderen. Das Leben war fast unmöglich, die Lebensmittelversorgung war quasi bei null. Und doch mussten wir durchhalten, uns immer und immer wieder um die Züge kümmern.

1944 waren die einzigen Männer die Soldaten. Wir Frauen leisteten eine gewaltige Arbeit auf dem Bahnhof, während die Bomben flogen. Die Wohnungen, die ich mit einer Freundin teilte, wurden regelmäßig total ausgebombt. Aus Stoff hatten wir uns Säckchen genäht, welche wir mit unseren persönlichen Papieren direkt auf der Haut unter den Kleidern trugen: Dies war alles, was uns noch blieb. Unsere letzte Behausung war schließlich nur noch der Luftschutzbunker. Da man in der Stadt – oder was davon übrig geblieben war – sich nicht mehr aufhalten konnte, sah ich meine Verwandtschaft sehr selten. Ab und zu, per Zufall, traf ich meine Schwester.

Ende 1944 und Anfang 1945 bombardierten besonders die Engländer die Stadt immer intensiver. Mannheim war nur noch eine Ruine, ein Steinhaufen. Laut offiziellem Bericht wurde die Stadt 150-mal bombardiert, davon waren 52 Großangriffe. Einige meiner Kolleginnen wurden von diesen Bomben getötet, während ihrer Arbeit auf der Bahnpost – oder was davon übrigblieb. Die Order war: Niemals einen Postsack allein auf dem Bahnsteig stehen lassen – dabei bleiben, egal was geschieht…

Ende Februar 1945 gab es praktisch keine Arbeit mehr, auch keine Post und keine Züge. Und keine Nachricht von meinem „Schorsch". Wir kämpften gegen die herrschende Verzweiflung und Hoffnungslosigkeit an.

Meine Großmutter mütterlicherseits zog 1942 zu meiner Schwester Greta, die inzwischen einen Elsässer geheiratet hatte. Die BBC (Fabrik für elektrotechnische Maschinen), wo meine Tante Gretchen arbeitete, wurde in eine Munitionsfabrik

En octobre 1944, j'eus enfin un courrier de sa part. Il m'informait qu'une délégation franco-américaine à Bucarest avait fait sortir les Alsaciens-Lorrains du camp de prisonniers russe et qu'il était « libre » dans un couvent à Bucarest, en attendant qu'un avion militaire américain le ramène lui et ses compatriotes en Alsace. Sauf que le bombardier américain prit la direction de l'Italie, déposa les Alsaciens à Bari, d'où ils prirent le train jusqu'à Naples sous l'égide de l'armée anglaise. Là, enrôlés dans l'armée française, ils rejoignirent Marseille sur un navire de guerre américain. Mais cette épopée de nombreux alsaciens, je ne l'appris qu'en mai 1945. A présent j'étais fiancée à un Français, un « ennemi » .

La guerre faisait toujours rage, il était de plus en plus difficile de circuler en ville. Mannheim a subi dès 1940 des bombardements au phosphore et autres…. La vie y était presque impossible, le ravitaillement quasi nul. Et pourtant il fallait tenir bon, s'occuper encore et toujours des trains.

En 1944, il n'y avait plus d'hommes à part les soldats. Nous, les femmes, nous réalisions un travail titanesque à la gare sous les bombardements. Les appartements que je partageais avec une collègue ont régulièrement été pulvérisés par les bombes. Nous avons cousu des pochettes en tissu que nous portions sous nos vêtements pour protéger nos papiers personnels : c'était tout ce qu'il nous restait. Donc notre dernier logement était l'abri fortifié, le « Luftschutzbunker ». Comme il était impossible de circuler en ville – ou ce qu'il en restait –, je voyais très peu ma famille. J'ai rencontré de temps à autre, par hasard, ma sœur.

Fin 1944 et début 1945, les bombardements – surtout anglais – devinrent de plus en plus intenses, la ville n'était plus qu'un amas de pierres. Selon les rapports officiels, Mannheim a essuyé 150 bombardements dont 52 d'une extrême intensité durant lesquels plusieurs de mes collègues furent tuées pendant leur service à la « Bahnpost » ou ce qu'il en restait. Car les ordres étaient de ne jamais lâcher un sac postal sur les quais, de rester stoïquement à côté quoiqu'il arrive.

Fin février 1945, il n'y avait pratiquement plus de travail, tout était détruit, plus de poste, plus de trains. Et pas de nouvelles de mon Schorsch. Il a fallu lutter contre la désespérance ambiante.

Ma grand-mère maternelle était partie vivre en Alsace vers 1942 chez ma sœur Greta, mariée entre-temps à un Alsacien. Ma tante Gretchen, engagée chez BBC (grande usine d'électrotechnique) à Mannheim, converti en usine d'armement, devait travailler et vivre sur place. De mon père et de mes demi-frères, aucune nouvelle depuis trois ans.

Des rumeurs circulaient comme quoi la guerre était perdue pour nous les Allemands. La ville, comme presque toutes les villes d'Allemagne, n'était plus

umgewandelt. Dort musste sie nun gleichzeitig leben und arbeiten. Von meinem Vater und den Halbbrüdern hatte ich schon seit drei Jahren keine Nachricht mehr.

Das Gerücht lief um, dass der Krieg für uns Deutsche verloren war. Mannheim, wie praktisch alle Städte in Deutschland, war nur noch ein Trümmerhaufen mit Steinen, die wir aufsammeln mussten. Wir wurden die „Trümmerfrauen" genannt. Wir hausten immer noch in den Bunkern, und Essen zu finden war ein Hürdenlauf.

Kriegsende

Mai 1945 bedeutete das Ende des Krieges, aber nicht das Ende unserer Not und unseres Elends. Doch dann endlich, endlich ein Brief von meinem Verlobten! Es war ein Schreiben, welches er einem Bekannten anvertraut hatte, der sich nach Mannheim aufmachte, denn es gab keinen Postdienst mehr. In diesem Brief berichtete er mir, wie er von Bukarest nach Marseille gelangt war: Nachdem er eine gewisse Zeit in ein Lager in Südfrankreich verfrachtet worden war, versetzte man ihn nach Guebwiller und dann zurück nach Deutschland zu den FFA (Forces Françaises en Allemagne – Französische Besatzung in Deutschland). Er wurde dort als Dolmetscher eingesetzt, zuerst in Konstanz, dann in Teningen im Breisgau. Im Juli 1945 konnten wir uns endlich in Teningen treffen, nachdem zahlreiche Schwierigkeiten überwunden waren; ich war damals 25 Jahre alt.

Die französische Besatzung hatte für ihre Soldaten Zimmer bei der ansässigen Bevölkerung beschlagnahmt. Georges, so sein korrekter französischer Name, wurde in eine Gärtnersfamilie einquartiert. Da er sehr gut ihren Dialekt verstand, sprach er mit ihnen elsässisch. Ich als Deutsche, er als Elsässer hatten mit dieser Familie oder mit den Dorfbewohnern nie Konflikte. Im Gegenteil, wir schlossen mit diesem älteren Ehepaar und ihren Kindern, die in unserem Alter waren, sehr enge Bande, so dass unsere Kinder sie heute noch „Opa und Oma" und „Tante und Onkel" nennen.

Ein unerwünschtes Paar

Wegen unserer zwei verschiedenen Staatsangehörigkeiten war unser Leben als Paar nicht einfach. Georges und ich konnten zum Beispiel nicht miteinander Arm in Arm spazieren gehen; jeder lief auf einer anderen Straßenseite! Die französischen Staatsbediensteten sahen das deutsch-französische Zusammensein sehr ungern. Deutschland war und blieb der „Feind". Deshalb erhielten wir auch nicht die Genehmigung zur Heirat, der Antrag wurde schroff und barsch abgelehnt. Der

qu'un amas de pierres, pierres qu'il a fallu ramasser. On nous appela les « Trümmerfrauen » (femmes des décombres). Nous logions toujours dans les abris et pour manger, c'était le parcours du combattant.

Fin de la guerre

Mai 1945. Fin de la guerre, mais pas de notre misère. Et enfin une lettre de mon fiancé confiée à une connaissance qui se rendait à Mannheim (il n'y avait plus de service postal). C'est dans cette missive qu'il m'a décrit son épopée de Bucarest à Marseille mentionnée précédemment. Après avoir séjourné dans un camp dans le sud de la France, il avait été transféré à Guebwiller, puis retour en Allemagne chez les FFA (Forces Françaises en Allemagne) comme interprète d'abord à Constance puis à Teningen/Brisgau. En juillet 1945, et avec moult difficultés, j'ai enfin pu le rejoindre à Teningen. J'avais 25 ans.

Les Forces Françaises avaient réquisitionné pour leurs militaires des chambres chez la population autochtone. Georges (Schorsch) était hébergé dans la famille d'un fleuriste. Etant donné qu'il comprenait parfaitement leur dialecte, il leur parlait en alsacien. Moi allemande, lui alsacien, nous n'avons jamais eu de conflits avec cette famille et les villageois. Nous avons tissé des liens profonds et durables avec ce vieux couple et leurs enfants (de notre génération), à tel point que nos propres enfants les appelèrent par la suite « Oma et Opa » et « oncle et tante ».

Un couple suscitant la réprobation

Notre vie de couple n'était pas simple à cause de nos deux nationalités. Georges et moi, nous ne pouvions nous promener ensemble bras-dessus, bras-dessous : nous marchions chacun d'un côté de la rue ! Les autorités militaires françaises voyaient d'un très mauvais œil les fréquentations franco-allemandes. L'Allemagne était et restait l'ennemie. De ce fait, nous n'avons pas eu l'autorisation de nous marier, la demande a même été sèchement refusée. L'officier supérieur de mon fiancé lui a carrément dit qu' « il valait mieux épouser une pute française qu'épouser une femme allemande ». Par contre, si Georges acceptait de s'engager comme soldat en Indochine, le refus devenait caduc. Proposition que j'ai rejetée de toutes mes forces. Tant pis, nous continuerons à vivre dans l'illégalité et l'incertitude !

Notre fille aînée – Renate – naquit en juin 1946, elle est née allemande, malgré la reconnaissance de paternité de son père. En novembre 1946 nous avons

Stabsoffizier meines Verlobten sagte ihm, ohne zu zögern, ins Gesicht: „Es wäre angebrachter, eine französische Hure zu heiraten, als eine deutsche Frau." Natürlich, wenn Georges sich als Soldat für Indochina engagiert hätte, wäre die Heiratsverweigerung unwirksam gewesen. Diesen Vorschlag verwarf ich mit aller Kraft: „Sei's drum, wir werden also weiter in der Illegalität und Ungewissheit leben müssen!"

Im Juni 1946 wurde unsere erste Tochter geboren. Sie erhielt die deutsche Staatsbürgerschaft trotz der Vaterschaftsanerkennung. Im November 1946 erhielten wir endlich die Genehmigung zur Heirat, die dann auf dem französischen Konsulat in Freiburg stattfand. Unsere Tochter Renate Barbara wurde eingebürgert und von der französischen Behörde umgehend unter dem Namen „Renée – Barbe" eingetragen!

Unsere zweite Tochter, Charlotte, kam 1947 zur Welt. Mein Mann war immer noch Soldat, wir waren in Teningen stationiert, und ich hatte eine Stelle im „Economat" angenommen, der betriebseigenen Verkaufsstelle der Kaserne. Da sich die Familie vergrößert hatte, wurden wir in das Erdgeschoss eines Chalets im Nachbardorf Köndringen bei einer alten Dame einlogiert. Sie war ein wenig exzentrisch und hauste im ersten Stock mit ihren Ziegen. Sie war überzeugt, die „Franzosen" (damit meinte sie uns) würden ihr die Tiere klauen!

Die Mittellosigkeit der deutschen Bevölkerung war so extrem, dass viele Familien nichts hatten, um angemessen leben zu können. Wir stellten ein Mädchen vom Dorf als Haushaltshilfe ein. Nicht, um anzugeben, sondern da die Militärbasis mit den notwendigen Produkten (Reis, Milch, Nudeln usw.) von den Amerikanern beliefert wurde, hatten wir zusätzlich Ernährungs-Gutscheine, mit denen wir gut leben und auch der Großfamilie dieses Mädchens mit Milch, Butter, Käse und allem, was sie noch brauchten, helfen konnten. Das Mädchen blieb all die Jahre bei uns und wurde die Patin unserer dritten Tochter.

Dann kam der Tag, an dem ich die Familie meines Mannes im Elsass kennenlernte. Ab und zu hatte ich zuvor brieflichen Kontakt, besonders mit der Tante meines Mannes und ein bisschen mit meinem Schwiegervater. Am Anfang war dieser mit der Wahl seines Sohnes nicht einverstanden. Er bat ihn, mit dieser Beziehung Schluss zu machen. Das Beispiel deutscher Frauen, aus Mannheim stammend, die während des Krieges im Dorf (Hunspach) gewohnt und sich nicht sehr vorbildlich und korrekt benommen hatten, hatte ihn tief schockiert. Georges aber blieb standhaft, und mein Schwiegervater sah meiner Ankunft mit Besorgnis entgegen. Aber letztendlich war der Empfang der ganzen Familie, Vater, Schwester, Tanten und Großmutter, sehr herzlich, und unsere Beziehung entwickelte sich ganz harmonisch.

enfin eu la permission de nous marier, ce qui fut fait au Consulat de France à Fribourg. Notre fille Renate Barbara a été naturalisée française et enregistrée manu-militari par les autorités françaises sous le nom de « Renée-Barbe » !

Notre 2ème fille, Charlotte, est née en 1947, Georges était encore engagé et toujours basé à Teningen où j'avais trouvé un emploi à l'économat de la caserne française. La famille s'étant agrandie, on nous logea au rez-de-chaussée d'un chalet à Koendringen chez une vieille dame – quelque peu excentrique. Elle vivait au 1er étage avec ses chèvres, elle était persuadée que nous, les « Franzose » allions les lui voler !

Le dénuement de la population allemande était tel que beaucoup de familles n'avaient pas de quoi vivre décemment. Nous avons engagé une jeune fille du village comme aide-ménagère. Ce n'était pas pour frimer, mais – la base militaire étant approvisionnée en produits de première nécessité (riz, lait, pâtes, etc.) par les Américains – nous disposions en plus de bons d'alimentation qui nous permettaient de vivre largement et donc d'aider cette jeune fille et sa famille en les pourvoyant de lait, beurre, fromage etc. La jeune fille resta avec nous pendant toutes ces années et devint la marraine de notre troisième fille.

Vint aussi le jour de faire connaissance avec ma belle-famille en Alsace. J'avais entretenu des contacts épistolaires surtout avec la tante de mon mari et un peu avec mon beau-père. Au départ, le moins que l'on puisse dire, ce dernier n'était pas d'accord avec le choix de son fils. Il le pria de mettre fin à cette relation. L'exemple de femmes allemandes, originaires de Mannheim, qui avaient vécu au village de Hunspach durant la guerre et qui s'étaient comportées de manière peu exemplaire, l'avait profondément choqué. Georges tint bon et mon beau-père appréhendait mon arrivée. Mais finalement l'accueil de toute la famille, père, sœur, tante, grand-mère fut chaleureux et nos relations devinrent harmonieuses.

Après la guerre

A partir de mai 1945, l'Allemagne étant zone d'occupation, mon mari, en tant que militaire, pouvait facilement traverser la frontière. Pour les civils des deux côtés, il fallait un visa que l'on n'obtenait qu'après moult tracasseries administratives. Les nouvelles autorités françaises avaient ordonné la « dénazification » de la population. Ma grand-mère maternelle (allemande) se trouvant toujours chez ma sœur en Alsace à Urmatt, fut arrêtée par la police française et internée pendant trois semaines au camp de concentration du « Struthof ». A sa libération, elle retourna chez ma sœur à Urmatt, elle dut

Nach dem Krieg

Ab Mai 1945 konnte mein Mann, da Deutschland Besatzungsgebiet war, als Angehöriger des Militärs ganz leicht die Grenze überschreiten. Die Zivilbevölkerung dagegen, von beiden Seiten der Grenze („vun hiwwe un driwwe"), benötigte ein Visum, welches nur mit vielen Scherereien von den jeweiligen Behörden ausgehändigt wurde. Die „neue Autorität" in Frankreich hatte nun die „Entnazifizierung" der Bevölkerung angeordnet. Meine Großmutter aus Mannheim, also Deutsche, die immer noch in Urmatt im Elsass bei meiner Schwester wohnte, wurde von der französischen Polizei festgenommen und für drei Wochen in dem von den Deutschen erbauten Konzentrationslager „Struthof" interniert. Als sie befreit wurde, kehrte sie nach Urmatt zu meiner Schwester zurück, sie musste einen Ausweis für Ausländer beantragen, und mein Mann brachte sie später nach Mannheim zurück.

Zwischen den Rädern der zwei Länder

1950 beschloss mein Mann, aus der französischen Armee auszutreten und nach Hunspach im Elsass zurückzukehren. Es war nicht nur der Krieg in Indochina, es waren auch die „Konflikte" mit Algerien, die die Gefahr mit sich brachten, zurück ins Kriegsgebiet gesandt zu werden. Er wollte nicht mehr in den Krieg. Wir zogen also von Teningen weg, wo ich mich eigentlich auf vertrautem Boden befand: deutsches Land, deutsche Bevölkerung, deutsche Sprache. Aber im Elsass, trotz herzlichem Empfang, war ich dennoch so ab und zu im Dorf „der Schwob"! Es waren harte Zeiten, aber ich war jung, 30 Jahre alt, und bemühte mich sehr, mich dieser komplexen elsässischen Bevölkerung anzupassen, die, obwohl sie einen „deutschen Dialekt" sprach, französisch war. Die Deutschen hatten damals keinen guten Ruf im Elsass, was auch logisch und verständlich war.

Irene, 29 Jahre alt, mit Mann Georges und den zwei ältesten Töchtern Renée und Charlotte, 1949.

Irene, âgée de 29 ans, avec Georges son mari et ses deux filles ainées René et Charlotte en 1949.

demander des « papiers d'identité pour étrangers », et mon mari la ramena plus tard à Mannheim.

Entre les « roues » des deux pays

En 1950, mon mari a décidé de quitter l'armée française pour retourner à Hunspach en Alsace car entre-temps, il y avait non seulement la menace indochinoise mais aussi le conflit algérien, qui risquaient un renvoi en zone de combat. Mon mari ne voulait plus faire la guerre. Nous avons donc quitté Teningen, où j'étais en « terrain connu » : terre allemande, population allemande, langue allemande. Or, en Alsace, même bien accueillie, j'ai été de temps à autre la « Boche » ! Des débuts durs, mais j'étais jeune, j'avais 30 ans et je fis un maximum pour m'intégrer à cette population complexe, qui tout en parlant son dialecte « allemand », était française. Et les Allemands n'avaient pas très bonne presse en Alsace en ces temps-là, ce qui était logique et compréhensible.

L'Allemagne se reconstruisait. Dès 1952, j'ai pu retourner à Mannheim voir ma famille et mes amis. J'ai appris que mon frère Hans s'était engagé très jeune à la Légion Etrangère et qu'il était en Indochine avec l'armée française. Il a été tué lors des combats à Dien Bien Phu, en avril 1952, renseignement obtenu en décembre 1955, après de longues démarches auprès du Ministère français de la Guerre. Il n'avait que 22 ans.

Deutschland baute sich wieder auf. Ab 1952 konnte ich zurück, meine Familie und meine Freunde besuchen. Ich erfuhr, dass mein Bruder Hans sich in der Fremdenlegion engagiert hatte und in Indochina mit der französischen Armee kämpfte. Er fiel in Dien Bien Phu während des Großangriffs im April 1952, er war erst 22 Jahre alt. Dies erfuhren wir erst im Dezember 1955 nach langem Nachfragen und Vorsprechen beim französischen Kriegsministerium.

Die Jahre vergingen, sie waren nicht immer leicht. Wir bauten in Hunspach ein Haus. Unsere ganzen Ersparnisse, die wir in Deutschland angelegt hatten, wurden auf einer Bank in Strasbourg hinterlegt, damit wir Anspruch auf einen Baukredit bekamen. 1954 machte diese Bank Bankrott und unsere ganze Habe verschwand zu dem Zeitpunkt, als wir zahlen mussten. Das war noch eine schwere Prüfung und kostete uns viele schlaflose Nächte!

Unsere Kinder

Mein Mann und ich wollten eine „wirkliche" Familie gründen. Er war sechzehn Jahre alt, als seine Mutter verstarb, ich siebzehn, als die meine starb: Zwei Familien, die durch Tod und Krieg zerrissen waren. Wir bekamen fünf Kinder: drei Mädchen und zwei Buben. Wir wollten ihnen das schenken, was uns gefehlt hatte: die Liebe und die Geborgenheit einer Familie. Alle fünf Kinder waren in der französischen Schule, und trotzdem habe ich diese Sprache nie erlernt. Im Laufe der Zeit habe ich natürlich immer mehr Wörter assimiliert, bin aber unfähig, einen korrekten Satz in Französisch zu bilden. Meine Schwester dagegen sprach fließend französisch.

Ich verlangte, dass zu Hause „deutsch" gesprochen wurde. Eigentlich drückte nur ich mich in meiner Muttersprache auf Deutsch aus, der Rest der Familie sprach elsässisch, und ich wurde fuchsteufelswild, wenn die Kinder unter sich französisch sprachen! Heute noch, mit über 90 Jahren, gehe ich auf die Palme, wenn sie sich vor mir auf Französisch unterhalten!

Politische Verwirrungen

Der politische Kontext, der das Elsass markierte, seine Zugehörigkeit einmal zu diesem, einmal zum anderen Land, rief manchmal missverständliche Situationen hervor. 1975, während des ersten Festes der „offenen Tür" im Dorf, leistete mein Mann seiner Tante Gesellschaft und betrachtete die Leute, welche die typisch elsässisch eingerichtete Stube bei ihr bewunderten. Das einzige Bild, das die Tante von ihrem Sohn besaß – er wurde 1941 erschossen –, stand auf dem Büffet. Das

Les années ont passé, pas toujours très faciles. Nous avons construit une maison à Hunspach. Toutes nos économies faites en Allemagne ont été déposées dans une banque (Crédit Foncier) à Strasbourg, afin que nous puissions obtenir un crédit de construction. En 1954, cette banque fit faillite et nos avoirs avaient disparu au moment où les traites tombaient. Encore une épreuve pénible et combien de nuits d'angoisse !

Nos enfants

Nous voulions créer une « vraie famille ». Mon mari avait 16 ans au décès de sa mère, moi 17 au décès de la mienne. Des familles déchirées par le deuil et la guerre. Nous avons eu cinq enfants, trois filles et deux garçons. Nous voulions leur offrir ce qui nous avait manqué : l'amour et la sécurité d'un nid. Tous les cinq enfants ont fréquenté l'école française et pourtant je n'ai jamais appris cette langue. Bien sûr, au fil des ans, j'ai assimilé de plus en plus de mots, mais je ne suis pas capable de faire une phrase correcte en français. Ma sœur, quant à elle, le parlait couramment.

A la maison, j'exigeais que l'on parlât « allemand ». En fait, il n'y avait que moi qui m'exprimais dans ma langue maternelle, le reste de la famille parlait alsacien et je devenais franchement furax quand les enfants parlaient entre eux en français. Aujourd'hui encore – à 90 ans passés – je sors de mes gonds lorsqu'ils s'expriment ainsi en ma présence.

Bouleversements politiques

Le contexte politique qui a marqué l'Alsace, son appartenance successive à l'un ou l'autre pays a provoqué parfois des situations équivoques. En 1975, lors de la première « porte ouverte » du village, mon mari tenait compagnie à sa tante et regardait les gens défiler dans la chambre (« Stub ») pour admirer cet intérieur typique. Le seul portrait que sa tante possédait de son fils fusillé en 1941 trônait sur un buffet. Hélas, son fils était en uniforme SS, ce qui n'a pas échappé à certains visiteurs. A deux reprises, mon mari a été convoqué par le 2ème bureau de l'armée française pour explications. La boucle n'est donc jamais bouclée … pour notre génération.

La vie continue

Nos cinq enfants ont fait leur vie, quatre ont créé leurs foyers respectifs, deux se sont mariés à des étrangers – malgré nos avertissements « ne vous mariez jamais

> *Irene im Alter von 92 Jahren, mit Renée und*
> *Charlotte, 2012. Die beiden Töchter schrieben das Interview.*
>
> *Irene à l'âge de 92 ans avec René et Charlotte en*
> *2012 – Ses deux filles ont réalisé l'interview.*

Bild zeigte den Sohn ausgerechnet in der SS-Uniform, was manchem Besucher nicht entging. Zweimal hintereinander wurde mein Mann vom zweiten Büro, dem Überwachungsdienst der französischen Armee, vorgeladen und zur Rede gestellt. Der Kreis hat sich also nie geschlossen, insbesondere nicht für unsere Generation.

Das Leben geht weiter

Jedes unserer fünf Kinder ist seinen Lebensweg gegangen. Vier haben ihre eigene Familie. Zwei sind mit Ausländern verheiratet, obwohl wir immer gesagt haben: „Heiratet nie einen Ausländer, bleibt in eurem Land!" Sieben Enkel und zwei Urenkel haben den Familienkreis erweitert.

Meinen Mann verlor ich 1992 nach langer Krankheit. Als ich Witwe wurde, konnte ich mich immer auf die eine oder andere meiner Töchter verlassen, um die vielen Papiere auszufüllen oder die verwaltungstechnischen Hürden in französischer Sprache zu bewältigen.

Jedes Jahr um den 15. August fahre ich – fast wie bei einer Pilgerreise – mit einer der Töchter nach Strittmatt, um die Gräber der Freunde zu besuchen. Und jedes Jahr, besonders in der Adventszeit, freue ich mich, nach Mannheim zu fahren. Dann bewundere ich immer noch die schön geschmückten Schaufenster der Geschäfte.

Rückblick

Wenn ich zurückblicke, denke ich: „Was für ein Weg!" Der schönste Abschnitt eines Lebens ist normalerweise die Kinder- und Jugendzeit. Für mich jedoch ruft diese Epoche besonders Trennung, Trauer und Krieg wach. Aber ich erinnere mich auch an freudige und glückliche Momente. Wäre das Leben zu wiederholen – aber man wiederholt nie etwas, so glaube ich – würde ich kein Jota ändern. Aber bitte keinen Krieg mehr! Bis in die siebziger Jahre hinein wurde ich von

avec un étranger, restez dans votre pays » ! Sept petits-enfants et deux arrière-petits-enfants ont agrandi le cercle familial.

J'ai perdu mon époux en 1992 après une longue maladie. Depuis mon veuvage, pour remplir les papiers et répondre aux tracasseries administratives en langue française, j'ai toujours pu compter sur l'une ou l'autre de mes filles.

Chaque 15 août, un peu en pèlerinage, je me rends avec une de mes filles à Strittmatt sur la tombe de mes amis. Et chaque année, j'ai encore grand plaisir à retourner à Mannheim, surtout durant la période de l'Avent, pour admirer les belles vitrines.

Rétrospective

En repensant au passé et au chemin effectué, je me dis : quel parcours ! Les plus belles époques d'une vie sont généralement l'adolescence et la jeunesse. Pour moi, ces deux périodes évoquent surtout la séparation, le deuil et la guerre, mais

Panik, Angst und Übelkeit erfasst, wenn die Flugzeuge über das Haus flogen, mit dem ganzen Lärm, den sie verursachten!

Mit 92 Jahren, am Rande meines Lebens, besteht mein einziger Wunsch nur darin, dass meine Kinder ihren Humor nicht verlieren und dass sie glückliche Frauen und Männer sind und bleiben.

aussi des moments de joie et de bonheur. Si c'était à recommencer – mais on ne recommence jamais – je pense que je ne changerais pas d'un iota ! Mais de grâce : plus de guerre ! Jusque dans les années 70, quand les avions de chasse passaient au-dessus de la maison avec tout le bruit que cela générait, j'étais prise de panique, de peur et de malaise.

A 92 ans, au seuil de ma vie, mon seul souhait est que mes enfants gardent leur humour et soient des femmes et des hommes heureux !

AUCH FRAUEN DESERTIERTEN

Louise, geboren 1923 in Schirrhein
Deutsche Übersetzung von Barbara Beu

„Ich muss einen Schutzengel haben!"

Louise hatte nicht wirklich einen Titel für ihre Biografie, aber sie wiederholte mehrfach, dass sie einen Schutzengel gehabt haben musste, der über sie wacht. Eine ihrer Enkelinnen, Audrey, bestätigte, dass dieser Titel sehr gut passe. Und so entstand unser Interview:

Meine Familie

Ich heiße Louise, und ich bin 1923 in Schirrhein geboren, einem Dorf am Rande des Hagenauer Waldes. Meine Mutter verlor ihren ersten Mann während des Ersten Weltkriegs, sie hatten einen Sohn, geboren 1913, er ist mein Halbbruder, der zehn Jahre älter ist. Meine Mutter verheiratete sich wieder mit einem Freund ihres ersten Mannes. Aus ihrer zweiten Ehe gingen drei Kinder hervor, ich war das dritte und sollte eigentlich das letzte sein. Aber 14 Jahre nach mir, 1937, wurde eine vierte Tochter geboren!

Ich erinnere mich, dass unsere Eltern uns damals die Schwangerschaft verschwiegen, wir Geschwister wussten nichts davon. Unseren Eltern war diese späte Schwangerschaft vermutlich peinlich. Meine Mutter war 46 Jahre, sie hatte ihren Zustand sorgfältig „verhüllt".

Ich erfuhr von der Geburt meiner vierten Schwester eines Morgens beim Wecken. Mein Vater kam ins Zimmer und sagte zu mir: „Komm, du hast eine Schwester, sie heißt Lucie." Er schickte mich zum Bäcker und Lebensmittelgeschäft, um eine Babyflasche zu kaufen. Dieser Altersunterschied zwischen uns

Louise beim Reichsarbeitsdienst im Lager Freilassing bei Salzburg, 1942.

Louise pendant son service civique (RAD) au camp de Freilassing près de Salzbourg en 1942.

OUI, DES FEMMES ONT DÉSERTÉ

Louise, née en 1923 à Schirrhein
Interview de Danièle Dorothée Bruder

« Je dois avoir un ange gardien »

Louise n'avait pas vraiment de titre en tête pour sa biographie, mais elle a répété à maintes reprises, qu'elle devait avoir un ange gardien qui veillait sur elle. Une de ses petites-filles, Audrey, a confirmé que ce titre était parfait. Et voici le témoignage que j'ai recueilli :

Ma famille

Je m'appelle Louise et suis née en 1923 à Schirrhein, un village aux abords de la forêt de Haguenau. Ma mère a perdu son premier mari lors de la Première Guerre mondiale et ils ont eu un fils, né en 1913, c'est mon demi-frère de 10 ans mon aîné.

Puis elle s'est remariée avec le copain de son premier mari et de ce second mariage, trois filles sont nées, j'étais la troisième et supposée être la dernière, mais 14 ans après moi en 1937, une quatrième fille est née !

Je me souviens qu'à l'époque nos parents ne nous avaient rien dit, nous ne savions pas que notre mère était enceinte. Probablement avaient-ils honte de cette grossesse tardive que ma mère, qui avait alors 46 ans, avait soigneusement cachée.

Un matin j'appris la naissance de la quatrième fille ; mon père est entré dans la chambre en me disant «viens, tu as une sœur, elle s'appelle Lucie» et il m'a envoyée à la boulangerie/épicerie acheter un

und unserer Schwester führte lange Zeit zu Erstaunen, ja Zweifel. Ich erinnere mich, dass die Soldaten kurz vor dem Zweiten Weltkrieg dachten, sie sei die Tochter von einem von uns Geschwistern, sie glaubten nicht, dass sie wirklich unsere Schwester war! Mein Vater war Holzfäller wie viele Dörfler von Schirrhein, und meine Mutter war Hausfrau. Beide kamen aus einer kinderreichen Familie mit sieben weiteren Geschwistern.

Kindheitserinnerungen

Obwohl meine Kindheit jetzt schon sehr lange her ist, habe ich einige Erinnerungen im Gedächtnis behalten. Mit zehn Jahren spielte ich „Blinde Kuh" in der Nähe von einem Weiher. Dabei fiel ich in Glasscherben, ich hatte ja die Augen verbunden. Ich erinnere mich auch an Streitereien mit meinen beiden großen Schwestern; sie verbündeten sich immer gegen mich. Ich spielte außerdem gern Fußball, und ich muss zugeben, dass ich sogar heute noch, mit 92 Jahren, mir sehr gern die Fußballübertragungen im Fernsehen anschaue!

Als Kind ging ich nicht gern in die Schule, zu Hause kümmerte sich niemand wirklich darum. Meine Eltern waren nicht streng, aber wir wurden nicht verwöhnt wie die heutige Generation. Ich erinnere mich an meine Großmutter väterlicherseits. Von ihr bekamen wir nicht einmal einen Bonbon, wenn wir zu ihr zu Besuch kamen! Hingegen ging ich gern zu meinem Paten und zu meiner Patin, die mich alle beide sehr mochten.

Früher Eintritt in die Arbeitswelt

Ich verließ die Schule mit zwölf Jahren und begann, in einer Jutefabrik in Bischwiller zu arbeiten, als ich noch keine dreizehn Jahre alt war. Es ist eine kleine Stadt mit Textilindustrie, ungefähr sieben Kilometer von Schirrhein. Ein Fabrikbus nahm die Angestellten jeden Morgen mit.

Meine liebste Freizeitbeschäftigung während meiner Jugend war das Tanzen. Es war meine Mutter, die mir mit sechzehn Jahren das Tanzen beibrachte. Bei meinem ersten Ball tanzte ich mit einem Jungen, der zwei Jahre älter war. Er war nicht besonders schön, aber ein guter Tänzer! Sonst gab es nicht viele Freizeitangebote. Wir fuhren Fahrrad und suchten Heidelbeeren. Wir versorgten unsere zwei Kühe, wir arbeiteten auf dem Feld und halfen der Mutter im Haus. Unsere Mutter kümmerte sich um die Mahlzeiten und die Wäsche.

biberon ! Cette différence d'âge a longtemps suscité la curiosité, voire même le doute. Je me souviens que les soldats, juste avant le début de la Seconde Guerre mondiale, pensaient que notre petite soeur Lucie était la fille de l'une d'entre nous, ils ne croyaient pas vraiment que c'était notre petite soeur !

Mon père était bûcheron, comme beaucoup de villageois de Schirrhein, et ma mère était mère au foyer. Tous deux étaient issus d'une famille nombreuse de huit enfants.

Souvenirs d'enfance

Même si mon enfance est une période désormais très lointaine, j'ai encore quelques souvenirs en mémoire. A dix ans en jouant à colin-maillard près d'un étang, je suis tombée dans des éclats de verre, puisque j'avais les yeux bandés. Je me souviens aussi des chamailleries avec mes deux grandes soeurs, elles se liguaient toujours contre moi ! J'aimais aussi jouer au football et dois avouer que même à 92 ans, j'aime toujours autant suivre les retransmissions de matchs à la télévision !

Enfant je n'aimais pas trop aller à l'école et à la maison personne ne s'en souciait vraiment. Mes parents n'étaient pas sévères, mais nous n'étions pas gâtés comme le sont les enfants maintenant. Je me souviens de ma grand-mère paternelle, qui ne nous donnait même pas un bonbon, quand nous venions la voir ! Par contre, j'aimais aller chez mon parrain et ma marraine, qui m'aimaient bien tous les deux.

Entrée précoce dans le monde du travail

J'ai quitté l'école à 12 ans et j'ai commencé à travailler alors que je n'avais même pas encore 13 ans à l'usine de jute à Bischwiller, une petite ville industrielle textile située à environ sept kilomètres de Schirrhein. C'est un bus de la « Jute » qui faisait le ramassage des employés tous les matins.

Mon loisir préféré durant mes années de jeune adolescente était de danser. C'est ma mère qui m'a appris à danser lorsque j'avais 16 ans. Lors de mon premier bal j'ai pu danser avec un garçon qui avait deux ans de plus que moi, il n'était pas très beau, mais il était bon danseur ! Nous n'avions pas beaucoup d'autres loisirs. On faisait du vélo, on cherchait des myrtilles. Nous nous occupions des deux vaches, nous travaillions aux champs et nous aidions notre mère à la maison. C'était elle qui s'occupait toujours des repas et de la lessive.

Wir hatten nicht wirklich eine unbeschwerte Jugend, denn wir mussten im frühen Alter zur Arbeit gehen und ein Gehalt mit nach Hause bringen. Ich blieb bei meinen Eltern, bis ich 24 Jahre alt war.

Und dann kam Er…

Meinen Mann lernte ich bei einem Kirchweihball, der Messti, in Schirrhein kennen. Meine große Schwester, die mit ihrem Verlobten in La Robertsau wohnte, nahm mich dorthin mit. Mein Schwager traf während dieses Festes einen Freund. Die beiden Männer hatten sich während des Krieges in Italien kennengelernt. Ich ging zu diesem Freund und sollte ihn bitten, sich zu uns zu setzen. So begann es mit uns… Er wohnte in Sessenheim.

Aber vor unserer Hochzeit war Krieg, eine schwierige Zeit mit vielen Ereignissen und Prüfungen.

Reichsarbeitsdienste

1939, als der Zweite Weltkrieg ausbrach, war ich gerade fünfzehn Jahre. Ich möchte erzählen, wie ich von dem „Dritten Reich" in den Reichsarbeitsdienst zwangsverpflichtet wurde. Wie viele andere Elsässerinnen wurde ich 1942 in den Reichsarbeitsdienst eingezogen. Wir wurden per Brief einberufen, für eine Dauer von sechs Monaten.

Ich ging zuerst in eine Familie, die ein Baby hatte. Die deutsche Frau war allein, ihr Mann war im Krieg. Ich musste ihr im Haushalt helfen und die Wäsche

Louise mit ihren Kameradinnen bei der Arbeit im Schnee, sie ist die erste rechts in der hinteren Reihe, mit dem Arm auf der Hüfte, 1942.

Louise avec ses camarades au travail dans la neige en 1942. Elle est la première à droite dans la dernière rangée, le bras sur la hanche.

Nous n'avions pas une jeunesse insouciante, puisqu'il fallait travailler tôt et ramener un salaire, je suis d'ailleurs restée chez mes parents jusqu'à l'âge de 24 ans.

C'est alors qu'Il est venu….

J'ai fait la rencontre de mon mari lors du bal du Messti à Schirrhein. Ma grande soeur qui habitait avec son fiancé à La Robertsau avait proposé de m'emmener. Lors de ce bal mon beau-frère rencontra un ami. Les deux hommes s'étaient connus pendant la guerre en Italie. Je suis allée vers lui pour lui demander s'il ne voulait pas se joindre à nous et c'est ainsi que tout a commencé entre nous…. Il venait de Sessenheim.

Mais avant notre mariage il y eut la guerre, une période difficile, riche en événements et en épreuves.

Service civil du « Reich » (RAD)

En 1939, lorsque la Seconde Guerre mondiale a éclaté, j'avais 15 ans. Je vais vous faire le récit de mon incorporation de force par le III e Reich.

En 1942, comme de nombreuses Alsaciennes, j'ai été incorporée de force dans le RAD (Reichsarbeitsdienst). Nous avons été convoquées par lettre, pour effectuer une période de six mois.

waschen. Ich wohnte nicht bei ihr, sondern in einem Haus am Fuß eines Lagers in Freilassing in Bayern, in der Nähe von Salzburg.

Am Morgen musste man die Fahnen aufrichten und singen, deutsche Soldatinnen leiteten das Lager. Wir gingen von 8 Uhr bis 16 Uhr zur Arbeit. Das Leben dort war rau und streng und man musste viele Vorschriften beachten, aber zumindest wurden wir nicht misshandelt. Ich nahm sogar zu während dieser Zeit im Lager. Das Essen war gut, wenn wir abends von der Arbeit kamen, gab es immer gute „Weckle" und sonntags Kuchen aus Kartoffeln. Abends aßen wir oft „Müsli", das mochte ich nicht sehr!

Danach, so erinnere ich mich, arbeitete ich bei Bauern.

Nach den sechs Wintermonaten konnte ich Ostern 1943 zurück nach Hause. Welch Glück und Erleichterung, wieder bei den Angehörigen sein zu können!

Ende November 1944 wurde ich erneut einberufen. Nochmals die schmerzhafte Erfahrung, die Familie verlassen und in einer qualvollen Zeit ins Ungewisse gehen zu müssen. Damals wussten wir, dass die Amerikaner schon in Mühlhausen waren. Umso schwieriger und ungerechter war es, dass wir noch mal weg mussten! Ich war bei der „Flak" (Fliegerabwehrkanonen) eingezogen, der Luftwaffenabwehr, in einer Kaserne in der Nähe von Nürnberg, zusammen mit drei Mädchen aus Bischwiller. Man stattete uns mit blauen Arbeitshosen und blauen Militäruniformen aus.

Wir wussten nicht, was aus uns werden würde und welche Aufgabe wir bekommen würden; wir waren sehr verängstigt. Wir wurden in ein Haus gebracht, in dem sechs Tage lang Tests mit uns durchgeführt wurden. Es wurden Sehtests gemacht mit einer Uhr oder Armbanduhr, in einem dunklen Raum ohne Fenster. Ich erinnere mich, dass ich besser abschnitt als die drei Mädchen aus Bischwiller.

Nach Beendigung der Tests fuhren wir mit dem Lastwagen wieder zurück, wir trugen noch unsere zivile Kleidung. Wir sollten in einem Wald in Baracken schlafen, und meine Aufgabe wäre es gewesen, Flugzeuge ausfindig zu machen (Flieger-Abwehr). Wir verließen den Wald und nahmen den letzten Zug nach Nürnberg. Bei der Ankunft gab es Fliegeralarm, und wir mussten uns in einen Keller flüchten.

Die Geschichte unserer Flucht

Auf dem Bahnsteig hatte ich die Zeit um nachzuschauen, dass um 4 Uhr morgens ein Zug fahren würde. Es war gerade einmal 21 Uhr, und wir hatten nur eine Fahr-

Je suis tout d'abord partie dans une famille allemande qui avait un bébé; la femme était restée seule, son mari étant parti à la guerre. Je devais l'aider dans le ménage et laver le linge. Je ne logeais pas dans la famille, mais dans une maison au pied d'un camp à Freilassing en Bavière près de Salzburg.

Le matin, il fallait hisser les couleurs et chanter, c'étaient des femmes militaires qui dirigeaient le camp. Nous partions travailler de 08:00 heures à 16:00 heures. Bien que la vie fût rude et stricte avec des règles à respecter, nous n'étions pas maltraitées. J'ai même grossi pendant mon séjour dans ce camp. La cuisine était bonne, le soir en rentrant du travail, il y avait toujours de bons « Weckele » (petits pains) et le dimanche du gâteau aux pommes de terre. Le soir nous mangions souvent du muesli que je n'appréciais pas vraiment.

Par la suite, je me souviens aussi avoir travaillé chez des paysans.

Après les six mois d'hiver, j'ai pu retourner à la maison à Pâques 1943. Quel bonheur et quel soulagement de pouvoir retrouver les siens !

J'ai été rappelée fin Novembre 1944. A nouveau la douloureuse expérience de devoir quitter sa famille et d'aller vers l'inconnu dans une période aussi tourmentée. A cette époque nous savions que les Américains étaient déjà à Mulhouse, c'était d'autant plus difficile et injuste de devoir repartir ! J'ai été incorporée aux « Flak » (Fliegerabwehrkanonen), la défense anti-aérienne de la « Luftwaffe » (forces aériennes allemandes), dans une caserne près de Nürnberg avec trois filles originaires de Bischwiller. On nous a remis un bleu de travail et un uniforme militaire bleu.

Nous ne savions pas ce qu'il allait advenir de nous et à quelle tâche nous serions destinées, nous étions très angoissées. On nous emmena dans une maison pour passer des tests durant six jours. C'était des tests de vision avec une montre ou une horloge dans une pièce obscure sans fenêtre. Je me souviens avoir obtenu de meilleurs résultats que les trois filles de Bischwiller.

A l'issue de ces tests, nous sommes reparties en camion, nous portions encore nos vêtements civils. Il était prévu que nous logerions dans des baraques dans une forêt et devions avoir pour mission le repérage des avions (Fliegerabwehr). C'est ainsi que nous avons quitté la forêt pour prendre le dernier tram et nous rendre à la gare de Nürnberg. Mais à la gare, il y eut une alerte aérienne et nous avons dû nous réfugier dans une cave.

L'histoire de notre évasion

Sur le quai, j'avais eu le temps de voir qu'il y avait un train à 04:00 heures du matin, il était alors autour de 21:00 heures et nous n'avions qu'un billet de train

karte für eine Strecke von 100 km bis Würzburg. Nach den Tagen, die wir im Wald verbracht hatten, waren wir verängstigt, wir wussten nicht, was mit uns passieren würde, so im Wald zu sein und nicht genau zu wissen, wo es hinging. Und doch waren wir uns gewiss, dass wir mit Situationen konfrontiert werden würden, die viel gefährlicher waren, als auf dem Bauernhof oder in deutschen Haushalten zu arbeiten.

Es war unglaublich, bei der Luftwaffe zwangsrekrutiert zu sein, während die Alliierten dabei waren, das Land einzunehmen und Stück für Stück des französischen Gebietes zu befreien. Was sollten wir da, warum überhaupt wir, wie absurd war es und welche Angst hatten wir !

An jenem Abend hatte ich die verrückte Idee, den Fliegeralarm in Nürnberg für eine Flucht zu benutzen. Meine drei Freundinnen erschraken sehr bei dieser Idee, sie hatten Angst davor. Ich hätte nicht sagen können, wie diese plötzliche Flucht vonstattengehen sollte, aber ich hatte überhaupt keine Lust, in den Wald zurückzukehren, bei der Luftwaffe zu arbeiten und das Risiko einzugehen, dort im Bombenhagel zu sterben. Ich muss eine solche Überzeugungskraft gehabt haben, dass meine drei Kameradinnen mir tatsächlich folgten. Im Nachhinein muss ich gestehen, dass diese Flucht vom Unbewussten gesteuert wurde. Ich glaube, wenn ich zu ihnen gesagt hätte, sie sollten von einer Brücke springen oder von einem fahrenden Zug, sie hätten es getan! Wir mussten unbedingt zusammenbleiben, keine Widerrede! Die Vorstellung, in diesen Wirren getrennt zu werden, war nur eine zusätzliche Angstquelle.

Wir nahmen also den Zug nach Würzburg; in jener Nacht war die Stadt bombardiert worden. In Würzburg hätten wir ein Ticket für Ulm nehmen müssen, und von dort eines für Heidelberg. Die Fahrkarten waren wie gesagt nur für eine Strecke von 100 km gültig. Der Zug zwischen Würzburg und Ulm war überfüllt. Wir mussten uns zwei und zwei aufteilen (ich mit einem der Mädchen in einem Wagon am vorderen Zugteil und ihre Schwester mit der anderen in einem Abteil hinten im Zug).

Es gab viele Soldaten. In Mosbach stieg die Polizei in den Zug. Für uns begannen jetzt die Unannehmlichkeiten, vor Angst waren wir wie gelähmt. Die Polizei kontrollierte unsere Tickets und beschlagnahmte sie. Wir mussten aus dem Zug steigen. Da erwartete uns die Gestapo. Was sollten wir sagen, warum wir in diesem Zug waren?

Für die beiden Nazis, die uns ausfragten, erfand ich eine Geschichte: Ich erzählte ihnen, dass wir in Nürnberg in einem Lazarett gewesen waren, um meinen Verlobten zu besuchen, der der Bruder meiner Freundin war. Die Gestapo nahm uns mit und verhörte uns nacheinander in einem Haus, es lag ungefähr 500

pour effectuer un trajet de 100 kilomètres jusqu'à Würzburg. Après ces quelques jours passés dans la forêt, nous étions apeurées, nous ne savions pas ce qu'il allait advenir de nous, mais conscientes que nous allions sûrement être confrontées à des situations autrement plus dangereuses que de travailler à la ferme ou de faire du ménage dans des familles allemandes.

Etre enrôlée de force dans la « Luftwaffe » alors que les Alliés étaient en train de gagner du terrain et commençaient à libérer la France, territoire après territoire, était invraisemblable. Que faisions-nous là, pourquoi nous ? Quelle absurdité et quelle angoisse !

Ce soir-là, j'ai eu l'idée folle de profiter de cette alarme à Nürnberg pour nous évader. Mes trois amies étaient terrorisées à cette idée et avaient peur de fuir. Je ne saurais dire comment ce déclic a eu lieu, mais moi je n'avais aucune envie de retourner dans la forêt ou de travailler dans la « Luftwaffe » et risquer de mourir sous les bombardements. J'ai dû avoir une telle force de persuasion, que mes trois camarades ont accepté de me suivre ! Avec le recul, il faut bien avouer que cette entreprise d'évasion relevait de l'inconscience et je crois que si j'avais demandé à mes camarades de sauter d'un pont ou du train en marche elles l'auraient fait ! Il fallait rester ensemble, un point c'est tout et l'idée d'être séparées dans cette tourmente n'était qu'une source d'angoisse supplémentaire.

Nous avons donc pris ce train pour Würzburg et cette nuit-là la ville a été bombardée. A Würzburg, il aurait fallu reprendre un billet pour Ulm et de là, un billet pour Heidelberg. Les billets de train n'étaient valables que pour des trajets de 100 kilomètres. Le train entre Würzburg et Ulm était bondé. Nous avons dû nous séparer deux par deux (moi avec une des filles dans un wagon à l'avant du train, sa soeur avec sa copine dans un autre compartiment, à l'arrière du train).

Il y avait beaucoup de soldats. A Mosbach, la police est montée dans le train. Les ennuis allaient commencer pour nous, nous étions mortes de trouille. La police a contrôlé nos billets et nous les a confisqués. Nous avons dû descendre du train. A la descente, la « Gestapo » nous attendait. Que fallait-il dire, pourquoi étions-nous dans ce train ?

Aux deux nazis qui nous questionnaient, j'ai inventé une histoire, je leur ai dit que nous étions à Nürnberg dans un lazaret pour voir mon fiancé, le frère de notre copine. La « Gestapo » nous a emmenées et interrogées l'une après l'autre dans une maison située à 500 mètres environ de la gare. Je leur ai raconté que j'étais soi-disant fiancée au frère des deux soeurs.

Comment ai-je pu avoir une telle imagination à un moment pareil ! Je peux vous assurer que nous étions terrorisées, car nous ne nous étions pas concertées

Meter vom Bahnhof entfernt. Ich habe ihnen also erzählt, dass ich die Verlobte des Bruders der beiden Schwestern war.

Wie konnte ich nur in solch einem Moment eine solche Phantasie haben! Wir waren voller Angst und Schrecken, denn wir hatten uns nicht detailliert über die Intrige abgestimmt, da wir im Zug getrennt gefahren waren. Die Gestapo hätte bald merken können, dass unsere Geschichte total unwahrscheinlich war. Das vierte Mädchen blieb längere Zeit im Verhör, wir warteten in einem Zustand extremer Unruhe auf sie. Das Telefon funktionierte nicht, und sie konnten nicht telefonieren, um unsere Geschichte nachzuprüfen. Dies hat uns sicherlich gerettet. Schließlich ließen sie uns frei und brachten uns sogar zum Bahnhof zurück.

Dieses Portrait entstand in Louises Hochzeitsjahr. Ihr Ehemann fertigte nach dieser Vorlage ein riesiges Gemälde an, 1947.

Ce portrait date de l'année du mariage de Louise en 1947. Son mari en fit une très grande peinture.

Wir konnten den Zug nach Heidelberg nehmen. Spät am Abend kamen wir an. Wo sollten wir schlafen? Wir trafen zwei Deutsche mit beigen Gabardin-Mänteln, die auch einen Schlafplatz suchten, es waren keine Nazis. Mit ihnen marschierten wir weiter. Wir durften die Nacht in einem Restaurant verbringen. Es gab nichts zu essen, aber wir konnten schlafen und teilten uns ein Sofa und zwei Sessel, die sich im Eingang befanden, und noch zwei Betten hinter der Einrichtung.

Am anderen Tag bezahlten uns die beiden Deutschen die Fahrkarten für den Zug nach Kehl. Der Zug hielt in Rastatt, dort stiegen wir aus. In Rastatt waren wir ganz nah am Rhein und damit an der Grenze. Aber wie sollten wir von Rastatt nach Schirrhein kommen? Wir gingen diese etwa dreißig Kilometer zu Fuß. Wir nahmen die Fähre in Seltz, um über den Rhein zu kommen, und gingen über Feldwege in Begleitung von zwei französischen Soldaten durch den Wald von Soufflenheim. Sie waren aus dem elsässischen Oberland (Haut-Rhin) und arbeiteten in Deutschland.

Nach dieser langen gefährlichen Zeit kamen wir schließlich heil und gesund zu Hause an, es war im Dezember 1944. Das Elsass war noch nicht befreit, die Deutschen konnten jeden Moment zurückkommen, um mich zu holen, denn ich war desertiert. Man musste mich verstecken. Einer unserer Nachbarn nahm mich mit nach Kriegsheim zu Bauern, ich schlief bei ihrer Tochter.

sur les détails du mensonge, puisque nous étions séparées dans le train. La « Gestapo » aurait tôt fait de se rendre compte que notre histoire était totalement invraisemblable. L'interrogatoire de la quatrième fille dura plus longtemps et nous attendions dans un état d'inquiétude extrême. Le téléphone était en panne, ils n'ont pas pu téléphoner pour vérifier notre histoire, c'est ce qui nous a sûrement sauvées. Finalement ils nous ont relâchées et même ramenées à la gare.

Nous avons pu prendre le train pour Heidelberg où nous sommes arrivées tard le soir. Où dormir ? Nous avons rencontré deux Allemands en gabardine beige, qui cherchaient aussi un logis, ce n'étaient pas des nazis. Nous avons poursuivi la route avec eux. Nous avons pu passer la nuit dans un restaurant, il n'y avait rien à manger, mais nous avons pu dormir en nous partageant un canapé et deux fauteuils qui se trouvaient dans l'entrée et deux lits-jumeaux à l'arrière de l'établissement.

Le lendemain, les deux Allemands ont payé nos billets de train pour Kehl. Le train s'est arrêté à Rastatt et nous sommes descendues à cet arrêt. Là, nous étions tout proche du Rhin et donc de la frontière, mais comment faire pour se rendre de Rastatt à Schirrhein ? Nous avons parcouru ces quelques 30 kilomètres à pied, puis nous avons pris le bac à Seltz pour traverser le Rhin et nous avons poursuivi par la forêt de Soufflenheim, à travers champs en compagnie de deux Haut-Rhinois, c'étaient des soldats français qui travaillaient en Allemagne.

Après ce long périple, nous sommes finalement arrivées saines et sauves à la maison, c'était en décembre 1944. L'Alsace n'était pas encore libérée, les Allemands pouvaient à tout moment revenir me chercher puisque j'avais déserté. Il a fallu qu'on me cache. C'est un de nos voisins qui m'a emmenée à Kriegsheim chez des paysans, je dormais avec leur fille.

Cet enrôlement de force par les forces occupantes a été une épreuve, une expérience marquante de ma vie. Mes plus belles années ont été gâchées par la guerre, mais heureusement j'ai eu la chance de rester en vie.

Diese Zwangseinziehung durch die Besatzungsmacht war für mein Leben eine einschneidende Erfahrung und Prüfung. Die schönsten Jahre meines Lebens waren durch den Krieg vergeudet, aber zum Glück blieb ich am Leben.

Andere junge Leute hatten weniger Glück. Einer meiner Cousins – er war mein Jahrgang – sang während der Besatzungszeit patriotische französische Lieder im Bus nach Soufflenheim und wurde denunziert. Die Nazis haben ihn geholt. Er ist nie mehr zurückgekommen.

Familienzusammenführung

Nach der Befreiung arbeitete ich wieder in der Jutefabrik in Bischwiller. Mit 21 wurde man damals volljährig, ich wohnte immer noch bei meinen Eltern, wie gesagt bis zu meiner Heirat mit 24 Jahren.

Albert, mein Mann, lebte in Sessenheim, sein deutscher Vater stammte aus Lichtenau-Grauelsbaum, was ganz nahe an der Grenze lag. Die Tante meines Schwiegervaters wohnte in Sessenheim. So kam es, dass die beiden Familien einander näherkamen und sich damals im Elsass niederließen.

Viele Jahre lang besuchten mein Mann und ich die Verwandten in Lichtenau. Jedes Jahr fanden die Begegnungen bei einem anderen Cousin statt. Mein Mann war Eisenbahner bei der französischen „SNCF". Ich hörte nach der Geburt meiner ersten Tochter im Jahr 1952 auf zu arbeiten. Meine zweite Tochter wurde 1954 geboren.

Neben seinem Beruf hat mein Mann viele Jahre seinen Eltern in der Landwirtschaft geholfen. Zu Lebzeiten meiner Schwiegereltern fuhren wir fast nie in Urlaub. Diese Frage stellte sich nicht wirklich, aus Mangel an Zeit oder Geld. Es hat mir nicht wirklich gefehlt. Mein Leben als Hausfrau sagte mir zu, ich liebte es, zu Hause zu sein, mit meinen Kindern.

Ich hatte nicht viele Freizeitbeschäftigungen, aber ich las oder strickte gern. Mein Mann teilte mit mir die Liebe zum Fußball und spielte selbst. Mich nahm als Kind mein Vater mit zu den Fußballspielen in Schirrhein.

Was bleibt nach einem so langen Leben?

Mein Mann starb 2006 im Alter von 86 Jahren, nach einer langen Krankheit, es war Krebs. Ich habe vier Enkelkinder und vier Urenkel. Seit ich Witwe bin, bin ich jeden Sonntag abwechselnd bei einer meiner Töchter eingeladen. Ich bin jetzt über 92 Jahre alt, gesundheitlich relativ gut beieinander, aber in einem so

D'autres jeunes ont eu des destins moins chanceux. Un de mes cousins du même âge que moi, qui chantait des chants patriotiques français dans le car allant à Soufflenheim, pendant l'occupation, a été dénoncé et les nazis l'ont cherché. Il n'est plus jamais revenu.

Rapprochement des familles

Après la Libération, j'ai retravaillé à la « Jute » à Bischwiller. La majorité était à 21 ans à l'époque et j'habitais toujours chez mes parents. Puis je me suis mariée à 24 ans.

Albert, mon mari, habitait Sessenheim, son père était allemand, originaire de Lichtenau-Grauelsbaum, donc tout proche de la frontière. La tante de mon beau-père habitait Sessenheim, c'est ainsi que les deux familles s'étaient rapprochées et installées en Alsace à l'époque.

De longues années durant nous allions mon mari et moi voir les cousins de Lichtenau, tous les ans les retrouvailles avaient lieu chez un autre cousin. Mon mari était cheminot à la SNCF et moi, après la naissance de ma première fille en 1952, j'ai arrêté de travailler. Ma seconde fille est née en 1954.

Mon mari, en plus de son travail, a longtemps aidé ses parents dans leur exploitation agricole et nous ne sommes presque jamais partis en vacances du vivant de mes beaux-parents. Cette question ne se posait pas vraiment, faute de temps ou d'argent, mais cela ne m'a pas véritablement manqué. Ma vie de femme au foyer me convenait, j'aimais être à la maison auprès de mes enfants.

Je n'avais pas beaucoup de loisirs, mais j'aimais par exemple lire ou tricoter. J'aime aussi le foot, mon mari jouait au foot et enfant mon père m'emmenait voir les matchs à Schirrhein.

Que reste-t-il après une si longue vie ?

En 2006, mon mari est mort à l'âge de 86 ans, après une longue maladie (cancer). J'ai quatre petits-enfants et quatre arrière-petits-enfants. Depuis que je suis veuve, je suis invitée tous les dimanches chez mes filles à tour de rôle.

J'ai plus de 92 ans, je suis en relative bonne santé, mais à un âge aussi avancé, on ne peut plus vraiment faire grand-chose, on se déplace difficilement, on se fatigue vite et on a des douleurs liées à l'arthrose. « Es ist nicht schön, alt zu werden » : ce n'est pas très beau de vieillir, mais je suis contente d'être entourée de ma famille.

Louise blickt heute auf ein erfülltes Leben zurück, Ein Bild aus dem Jahr 2015.

Louise se souvient d'une vie bien remplie. Une photo de 2015.

fortgeschrittenen Alter kann man nicht mehr wirklich viel machen. Man kann sich nur mit Mühe fortbewegen, wird schnell müde und hat Schmerzen, die mit Arthrose zusammenhängen. „Es ist halt nicht schön, alt zu werden". Aber ich bin froh, dass meine Familie um mich ist.

Ich bin gläubig, gehe aber nicht mehr in die Kirche oder nur zu seltenen Anlässen. Jeden ersten Freitag im Monat kommt eine Dame von der Gemeinde zu mir nach Hause und ich empfange die Heilige Kommunion. Ich hatte immer den Gedanken, dass ein Engel über mir wacht. In vielen Lebenssituationen hatte ich den Eindruck, großes Glück gehabt zu haben. Angefangen beim glücklichen Ausgang meiner unglaublichen Flucht während des Krieges, aber auch in Bezug auf meine gute Gesundheit, die mir dieses fortgeschrittene Alter ermöglicht.

Und die nächste Generation?

Das Leben der heutigen Jugend, besonders das der jungen Frauen unterscheidet sich sehr von unserer Zeit. Den zukünftigen Frauengenerationen kann ich deshalb nicht viel Wichtiges mitgeben oder empfehlen, außer dass sie studieren sollen, um eine gute Arbeit zu bekommen und „etwas zu werden"!

Im Übrigen meine ich, die Menschen heute geben zu viel Geld aus. Ich finde, man sollte mehr sparen, so wie wir das in unserer Zeit gemacht haben. Man muss immer Ersparnisse einkalkulieren für den Fall eines Schicksalsschlages oder einfach nur für die „alten Tage"!

Je suis croyante, mais je ne vais plus à l'église sauf à de rares occasions, alors chaque premier vendredi du mois, une dame de la paroisse vient à la maison pour me donner la communion. J'ai toujours pensé qu'un « ange gardien » veillait sur moi. A plusieurs moments de ma vie, j'ai l'impression d'avoir eu beaucoup de chance, à commencer par l'issue heureuse de mon incroyable évasion pendant la guerre, mais aussi d'avoir eu une bonne santé pour atteindre un âge aussi avancé.

Que dire à la prochaine génération ?

La vie des jeunes, en particulier des jeunes femmes est différente par rapport à notre époque. Aux futures générations de femmes, je n'ai pas de grandes recommandations à faire ou à transmettre, si ce n'est de faire des études pour accéder à un bon travail et « devenir quelqu'un » ! Les générations actuelles sont plus dépensières, je trouve qu'il faudrait davantage épargner, comme nous le faisions. Il faut toujours prévoir des économies en cas de coup dur ou tout simplement pour les «vieux jours» !

DIE ELSÄSSER – SPIELBALL ZWISCHEN DEN FRONTEN

Huguette, geboren 1924 in Strasbourg
Deutsche Übersetzung von Barbara Beu

Als ich das Interview über meine Tante Huguette aufzeichnete und sie fragte, welchen Titel sie ihrer Biographie geben würde, antwortete sie mir, ohne zu zögern:

„Zwischen Hammer und Amboss"

In der Tat habe ich in der Vergangenheit schon darüber nachgedacht, und dabei hatte ich diesen Titel im Kopf. Jean-Paul, mein Mann, war es, der mich gedrängt hatte, meine Memoiren zu schreiben. Ich habe diesen Titel gewählt, weil ich mich oft zwischen zwei unterschiedlichen Personen, Situationen oder Gefühlen gedrängt fühlte… Dabei hatte ich den Eindruck, nicht an meinem richtigen Platz zu sein beziehungsweise nicht dort zu sein, wo ich gerne sein würde; dort nicht hin zu passen, nicht zu wissen, welche Partei ich ergreifen sollte. Ich fühlte das zum ersten Mal, als ich ganz klein war, nach dem Tod meines Vaters 1927. Ich war hin- und hergerissen zwischen der Liebe zu meiner Mutter, die mit 29 Jahren Witwe wurde und deren einziges Kind ich war, und der Zuneigung zu meiner Großmutter väterlicherseits, die nach dem Verlust ihres Mannes gerade ihren einzigen Sohn verloren hatte. Tatsächlich verstanden sich meine Mutter und ihre Schwiegermutter nicht wirklich gut. Daher rührte das Unbehagen, das ich empfand.

Ich bin die einzige Tochter, mein Vater ist 1898 geboren und mit 29 Jahren verstorben, als ich drei Jahre alt war. Er starb an einer plötzlichen Krankheit. Mein Vater war der einzige Sohn einer relativ wohlhabenden Polstererfamilie.

Huguette im Alter von drei Jahren mit ihrer Mutter Marguerite. Das Bild entstand bei der Beerdigung ihres Vaters, 1927.

Huguette à trois ans avec sa mère Marguerite. La photo a été prise aux obsèques de son père en 1927.

LES ALSACIENS – BALLOTTÉS DANS TOUS LES SENS

Huguette, née en 1924 à Strasbourg
Interview de Danièle Dorothée Bruder

Lorsque j'effectue l'interview de ma tante Huguette et que je lui demande quel titre elle choisirait pour sa biographie, elle me répond sans hésiter :

« Entre le marteau et l'enclume »

J'y avais réfléchi par le passé et j'avais déjà un titre en tête. C'est Jean-Paul, mon mari, qui m'avait incitée à écrire mes mémoires que j'ai d'ailleurs écrites entre-temps.

J'ai choisi ce titre, parce que je me suis souvent sentie coincée entre deux personnes, deux situations, deux sentiments ... en ayant l'impression de ne pas être à ma place, de ne pas être là où j'aurais aimé être, de gêner, de ne pas savoir prendre position ... J'ai ressenti cela la première fois, lorsque j'étais toute petite après la mort de mon père en 1927. J'étais tiraillée entre l'amour de ma mère, se retrouvant veuve à 29 ans, dont j'étais l'unique enfant, et l'amour de ma grand-mère paternelle, qui après avoir perdu son mari, venait de perdre son fils unique. En fait, ma mère et sa belle-mère ne s'entendaient pas vraiment, d'où le malaise que je ressentais.

Je suis fille unique, mon père est né en 1898 et il est mort subitement de maladie à l'âge de 29 ans, alors que j'avais trois ans. Il était le fils unique d'une famille de sellier, plutôt aisée.

Ma famille

Ma mère aussi était née en 1898, quatrième d'une famille de sept enfants. Mes grands-parents maternels étaient commerçants et relativement modestes. Après la mort de mon père, pour subvenir à nos besoins, ma mère a

> *Mit etwa sechs Jahren verbringt Huguette mit ihrer Mutter die Ferien in Nizza, hier an der Anlegebrücke zur berühmten Straße "Promenade des Anglais", 1930.*
>
> *Vers six ans Huguette passe des vacances à Nice avec sa mère. Ici sur la jetée de la fameuse « Promenade des Anglais » en 1930.*

Meine Familie

Meine Mutter wurde auch 1898 geboren, sie ist das vierte von sieben Kindern. Meine Großeltern mütterlicherseits waren Händler und relativ bescheiden. Nach dem Tod meines Vaters arbeitete meine Mutter, um uns zu ernähren, als Schneiderin und vermietete einen Teil unseres Hauses. Sie war auch als Tagesmutter und Hausangestellte tätig im Elsass, aber auch in anderen Gegenden, außerdem in Paris. Später ging sie sogar für ein Jahr nach Amerika. Sie war couragiert, energisch und fleißig. Zu arbeiten war für sie sehr wichtig.

Meine Mutter zog mich allein auf, und zwar recht streng, sie war liebenswürdig, aber verschlossen und autoritär. Wir wohnten in Bischwiller im Haus meines Vaters, der als Tapeziermeister dort seine Werkstatt hatte.

Meine Großmutter väterlicherseits, sie war Witwe, wohnte bei uns, solange mein Vater lebte, aber nach seinem Tod ging sie zu der übrigen Familie nach Soultz-sous-Forêts. Ich sah meine Großmutter während der Ferien in Soultz, oder sie kam regelmäßig zu uns zu Besuch nach Bischwiller, um Geschäften nachzugehen und vor allem um mich zu sehen. Sie war eine liebenswürdige und großzügige Oma.

Als ich Kind war, trichterte mir meine Mutter unablässig ein: „Mach', as de schuelmeisterin wirdst" (Sieh zu, dass du Lehrerin wirst). Sie wollte, dass ich studiere, dass ich unterrichtet werde und einen guten Beruf ergreifen konnte, damit ich nicht von einem Ehemann abhängig wäre, sondern in der Lage sein würde, meinen Lebensunterhalt selbst zu verdienen. Dass sie selbst so früh Witwe wurde und für ein kleines Kind sorgen musste, hat sie sehr geprägt. Auch die Tatsache, dass sie aus einer kinderreichen Familie stammte und nicht wirklich mit der Hilfe ihrer Eltern oder Verwandten rechnen konnte, wenn es um den Unterhalt oder um meine Erziehung ging.

Die besten Kindheitserinnerungen habe ich an meine Großmutter. Ich freute mich darauf, sie zu sehen, zum Bahnhof zu gehen, wenn sie uns in Bischwiller

exercé le métier de couturière et proposait une partie de la maison en location. Elle a aussi travaillé en tant que nourrice, employée de maison en Alsace, mais aussi dans d'autres régions, ainsi qu'à Paris. Plus tard, elle est même partie un an aux Etats-Unis. Elle était courageuse, volontaire et travailleuse. Pour elle, travailler était très important.

Ma mère m'a élevée seule de façon stricte, elle était aimante, mais ferme et autoritaire. Nous habitions à Bischwiller dans la maison de mon père, qui était maître tapissier et où il avait son atelier.

Ma grand-mère paternelle qui était veuve, habitait avec nous du vivant de mon père, mais après sa mort, elle est partie rejoindre le reste de sa famille à Soultz-sous-Forêts, où je voyais ma grand-mère pendant les vacances, mais elle venait aussi nous rendre visite régulièrement à Bischwiller, pour suivre les affaires du commerce et surtout pour me voir. C'était une grand-mère aimante et généreuse.

Enfant voilà ce que ma mère me répétait inlassablement « mach'as de schuelmeisterin wirdst : fais en sorte que tu deviennes institutrice ! » Elle voulait que je fasse des études, que je sois instruite et que j'accède à un bon métier, pour que je ne sois pas dépendante d'un mari et que je sois toujours en mesure de subvenir à mes besoins. Le fait qu'elle se soit retrouvée veuve si jeune avec une jeune enfant à charge, l'avait beaucoup marqué. Le fait aussi qu'elle était issue

besuchte, und sie dort zu erwarten. Mein Vater war zu dieser Zeit schon nicht mehr am Leben. Ich liebte es, die Ferien bei meiner Großmutter in Soultz-sous-Forêts zu verbringen, auf den Feldern zu arbeiten und auf dem Rückweg in den Bistros eine Pause zu machen, um den Durst zu stillen. Ich liebte das Vergnügen, zur Bäckerei zu gehen und mit Blechen, gefüllt mit warmem Kuchen, nach Hause zurückzukehren. Kuchen habe ich immer geliebt, ihn zu genießen, aber auch ihn zu backen, und noch heute mache ich das gelegentlich.

Da meine Mutter eine so junge Witwe war, hatten die Verwandten mütterlicherseits mehrmals versucht, uns das Leben schöner zu machen, zum Beispiel im Sommer mit einem Urlaub. Ich kann mich noch an die Ferien in Nizza 1930 erinnern, damals war ich sechs Jahre alt.
Ein Onkel war dort ein berühmter Friseur – sogar der König von Schweden gehörte zu seiner Kundschaft. Später, als ich ungefähr zehn Jahre war, machte ich einen Urlaub in der Pariser Region in Corbeil, dort lernte ich mit einem Bruder meines Großvaters in der Seine schwimmen.

Eine andere Erinnerung an meine Jung-Mädchen-Zeit betrifft die Schule: Als Kind war ich eine gute Schülerin, und meine Mutter achtete darauf, dass das so blieb, damit ich ein Studium machen konnte. Nach der Grundschule und der Zeugnisausgabe wollte sie, dass ich auf das „Collège", eine weiterführende Schule, ging. Da wir aus einfachen Verhältnissen stammten, mussten wir nach bestandenem Wettbewerb ein Stipendium beantragen. Wir waren drei Mädchen: die Tochter einer Lehrerin, eine ihrer Freundinnen und ich. Ich hatte die besten Prüfungsergebnisse, trotzdem bekam die Tochter der Lehrerin das Stipendium, obwohl ihr die Antworten sogar zugeflüstert wurden. Es war die erste Ungerechtigkeit, die ich erdulden musste, und sie hat sich mir eingeprägt.

Damals war es ungewöhnlich für Mädchen, ins Gymnasium zu gehen. Es war ein Mieter von uns, der mich darauf brachte, mich zu emanzipieren und für den weiteren Schulbesuch stark zu machen. Der Unterricht und das Lernen waren meiner Mutter sehr wichtig.

Höhere Schule und Kriegsbeginn

An den Krieg habe ich viele Erinnerungen. Ich kann sie nicht im Einzelnen abrufen, aber bei mir sind sie alle mit der Schulzeit verbunden.

1939, zu Beginn des Krieges, als ich 15 Jahre alt war, wurde das „Collège" in Bischwiller geschlossen. So begann ich meine Schulzeit auf dem „Collège" in der Nähe von Paris, in Saint-Germain-En-Laye. Anschließend ging ich nach

d'une famille nombreuse, elle ne pouvait pas vraiment compter sur l'aide de ses parents ou de ses proches pour subvenir à ses besoins et à mon éducation.

Parmi les meilleurs souvenirs que je garde en mémoire, il y a ceux liés à ma grand-mère. J'adorais chercher ma grand-mère à la gare, lorsqu'elle venait nous rendre visite à Bischwiller; mon père était déjà mort à cette époque. Je me réjouissais à l'idée de la voir, de me rendre à la gare et de l'attendre sur le quai. J'aimais passer les vacances à Soultz-sous-Forêts chez ma grand-mère, travailler aux champs et sur le chemin du retour, faire la pause dans les bistrots pour se désaltérer. J'aimais aussi chercher les tôles à gâteaux chez le boulanger, le plaisir de sortir de la maison, de se rendre à la boulangerie et de revenir à la maison avec des tôles remplies de gâteaux. J'ai toujours aimé les gâteaux, les manger, mais aussi les confectionner et encore aujourd'hui j'en fais de temps en temps.

Comme ma mère avait été veuve si jeune, la famille maternelle avait essayé à plusieurs reprises de nous rendre la vie plus agréable, pendant les vacances d'été par exemple. Je me souviens d'un séjour à Nice en 1930, j'avais six ans à l'époque.

Nous y avions un oncle, qui était un coiffeur célèbre – même le roi de Suède faisait partie de sa clientèle. Plus tard, je devais avoir à peu près dix ans, j'ai passé des vacances à Corbeil, dans la région parisienne ; c'est là que j'ai appris à nager, dans la Seine, avec un frère de mon grand-père.

Un autre souvenir me revient à l'époque de mon adolescence, lié à ma scolarité. Enfant j'étais bonne élève et ma mère veillait à ce que je le reste pour poursuivre des études. Après l'école primaire et le certificat d'études, elle souhaitait que j'entre au collège. Etant d'origine modeste, il fallait postuler pour une bourse après le passage d'un concours. Nous étions trois filles : la fille d'une institutrice, une de ses copines et moi. Alors que mes résultats étaient les meilleurs, c'est la fille de l'institutrice qui a obtenu la bourse, alors que des réponses lui avaient été soufflées. C'est la première injustice dont j'ai été victime et qui m'a marquée.

A l'époque il était rare pour des filles d'aller au collège. C'est un locataire de ma mère, qui m'a incitée à y aller pour poursuivre mes études et m'émanciper. L'instruction, les études étaient parmi les principales préoccupations de ma mère.

Etudes secondaires et début de la guerre

Il y a beaucoup de souvenirs liés à la guerre, je ne peux tous les évoquer dans le détail, mais en ce qui me concerne ce sont surtout ceux liés à la scolarité.

Lunéville in Lothringen. Außerhalb des von Deutschland besetzten Elsass konnte ich weiterhin eine französische Schule besuchen. Meine Freundin war auch in Lunéville.

1940 ging ich ins Elsass zurück, das damals unter deutscher Besatzung stand. Ich kam in die 10. Klasse der „Hohenstaufenschule" nach Hagenau, ganz nahe bei Bischwiller gelegen. Wir waren nur vier Mädchen, alle anderen waren Jungs. Um zur Schule zu kommen, musste ich jeden Tag den Zug nehmen.

Huguette am Rhein, auf der Höhe von Drusenheim, 1942. Das Foto wurde von ihrem späteren Mann aufgenommen.

Huguette au bord du Rhin, à la hauteur de Drusenheim en 1942. La photo a été prise par son futur époux.

Der Schulleiter der Schule in Hagenau war Elsässer. Unter den Lehrern gab es mehrere Elsässer, einige waren den Deutschen zugewandt, andere standen auf der französischen Seite. Außerdem gab es deutsche Lehrkräfte aus dem benachbarten Baden aus Karlsruhe. Die deutschen sowie die elsässischen Lehrkräfte, die „pro Boches", also auf der Seite der Nazi-Deutschen stehend, hielten Unterricht in schwarzen Lederstiefeln. Jeden Morgen lieferten sie uns einen Bericht über die Situation an der Front, das Vorankommen der Truppen und andere Details.

Ich erinnere mich, dass ein deutscher Lehrer den gleichen Zug nahm wie ich, und als er mich fragte, was ich über diesen Krieg dachte, sagte ich ihm: „Wir warten auf die Amerikaner". Ich glaube, er war darüber nicht verärgert.

In dieser Zeit waren alle Vornamen, die zu sehr französisch klangen, verboten (zum Beispiel die Mädchennamen, die mit „…ette" endeten). Da ich keinen zweiten Vornamen hatte, gab man mir den Vornamen „Helene" dazu; das war eine merkwürdige Namenswahl, aber zumindest konnte ich den gleichen Anfangsbuchstaben „H" behalten.

Frühe Heirat – warum?

Der Krieg brachte mein Leben durcheinander, genauso wie das meines besten Freundes Jean-Paul. Wir hatten einen Teil unserer Schulzeit, vor Kriegsbeginn, gemeinsam in Bischwiller verbracht. Er war einige Jahre älter als ich, aber ich schätzte ihn sehr, und vor allem bewunderte ich ihn. 1939 hatte er gerade

En 1939, au commencement de la guerre, j'avais 15 ans, le collège de Bischwiller avait été fermé. J'ai donc poursuivi ma scolarité à St. Germain en Laye près de Paris, puis à Lunéville en Lorraine, donc à l'école française. Ma copine était également scolarisée à Lunéville.

En 1940, je rentre en Alsace (sous occupation allemande) en classe de Seconde à la «Hohenstaufenschule» de Haguenau, tout proche de Bischwiller. Nous n'étions que quatre filles, le reste des élèves étant des garçons. Je prenais le train tous les jours pour me rendre en classe.

Le directeur de cette école à Haguenau était un Alsacien. Parmi les professeurs il y avait plusieurs Alsaciens dont certains étaient pro-Allemands, d'autres francophiles, ainsi que des professeurs allemands du Pays de Bade voisin (Karlsruhe). Les professeurs allemands et les professeurs alsaciens «pro Boches» faisaient cours en bottes de cuir noir. Tous les matins, ils nous faisaient un rapport sur l'état du front, les avancées des troupes, etc. ....

Je me souviens qu'un professeur allemand prenait le même train que moi et lorsqu'il me demandait ce que je pensais de cette guerre, je lui disais : « wir warten auf die Amerikaner » : nous attendons les Américains ; il ne se fâchait pas je crois.

Durant cette période, tous les prénoms à connotation trop française (exemple les prénoms de fille finissant en «-ette») étaient interdits. N'ayant pas de deuxième prénom, c'est ainsi qu'on m'a attribué le prénom «Helene», c'était curieux comme choix, mais au moins pouvais-je conserver la même initiale : H.

Mariage prématuré – pourquoi ?

La guerre a aussi bouleversé le cours de ma vie et celle de mon meilleur ami Jean-Paul. Nous avions fait une partie de notre scolarité ensemble à Bischwiller avant le début de la guerre. Il était de quelques années mon aîné, mais je

sein Abitur gemacht; wir waren noch für einige Zeit Franzosen. Er war auf einen Lehrposten in Illkirch berufen worden, einer Vorstadt im Süden von Straßburg. Zu dieser Zeit genügte das Abitur, um Unterricht geben zu dürfen.

Wegen des Kriegs heirateten Jean-Paul und ich so jung, am Vorabend meines 18. Geburtstags, obwohl ich damals noch aufs Gymnasium ging. Das war außergewöhnlich, das kann ich Ihnen sagen! Meine Mutter hatte mein Brautkleid selbst genäht, die Hochzeit fand in Straßburg statt.

Hochzeit von Huguette und Jean-Paul in „Strassburg", am Vortag vor Huguettes 18. Geburtstag, 1942. Die Anschrift des Fotografen auf der Rückseite wurde damals auf Deutsch geschrieben, der Straßenname wurde umbenannt.

Mariage d'Huguette et de Jean-Paul à « Strassburg », la veille de son 18 ième anniversaire en 1942. L'adresse du photographe au dos a été libellée en allemand et le nom de la rue a été changé.

Wir heirateten so früh, im Februar 1942, um der Einberufung zum Reichsarbeitsdienst zu entgehen. Aber natürlich waren wir auch sehr verliebt, die offizielle Verlobung war übrigens schon ein Jahr früher. Somit machte ich mein Abitur nicht als „Fräulein", sondern unter dem Familiennamen meines Mannes.

Obwohl ich dem Arbeitsdienst entgangen war, dank meiner Heirat, sollte ich dem „Reich" trotzdem in den Schulferien dienen. Ich musste einen Pflegedienst ausüben, eine sanitär-medizinische Hilfe. Zu meinem großen Glück war dies bei einem Arzt aus Haguenau, der im deutschen Militärlager in der Meinau in Straßburg eingesetzt war.

Nach den Ferien, die keine waren, absolvierte ich zwei Semester an der medizinischen Fakultät von Straßburg. Das erste Universitätsjahr nannte sich damals „propädeutisches Jahr" und entsprach dem ersten Jahr der „Licence" – dieser Abschluss nach drei Jahren Studium ist heute vergleichbar mit dem Bachelor. Dieser Weg zur medizinischen Fakultät hatte mir nicht wirklich gefallen. In Anatomie mussten wir zum Beispiel Leichen untersuchen, die zumeist vom Konzentrationslager in Struthof kamen…

l'appréciais beaucoup et surtout je l'admirais. En 1939, Jean-Paul venait d'obtenir son baccalauréat, nous étions encore français pour quelques temps.

Il a été affecté à un poste d'enseignant à Illkirch (banlieue Sud de Strasbourg), car à l'époque, il suffisait d'avoir le baccalauréat pour enseigner.

C'est en raison de la guerre que Jean-Paul et moi nous nous sommes mariés si jeunes, la veille de mes 18 ans, alors même que je n'étais encore qu'une lycéenne. C'était inhabituel, vous pouvez me croire ! Ma mère avait elle-même cousu ma robe de mariée et le mariage eut lieu à Strasbourg.

C'est pour éviter l'incorporation de force à « l'Arbeitsdienst » (service civil) que Jean-Paul et moi nous nous sommes mariés en février 1942. Nous étions bien sûr aussi très amoureux et nous avions d'ailleurs célébré nos fiançailles un an auparavant. Du coup, j'ai passé mon « Abitur » (baccalauréat allemand) sous le patronyme de mon mari.

Bien qu'ayant réchappé à « l'Arbeitsdienst », il a quand même fallu servir le Reich pendant les vacances scolaires. J'ai dû effectuer un « Pflegedienst » (service sanitaire), fort heureusement pour un médecin de Haguenau, qui avait été affecté au Camp Militaire allemand de la Meinau à Strasbourg.

Après cette période de vacances, qui n'en furent pas d'ailleurs, j'ai effectué deux semestres à la Faculté de Médecine de Strasbourg. Cette première année universitaire s'appelait à l'époque « année propédeutique » et correspondait à la première année de licence. Ce cursus en Faculté de Médecine ne m'a pas vraiment plu. Songez qu'en cours d'anatomie, nous devions examiner des cadavres, qui pour la plupart provenaient du Camp de concentration du Struthof...

Versteck mit Folgen

Nachdem ich mein Studium an der medizinischen Fakultät beendet hatte, musste ich erneut an der Fortentwicklung des Krieges mitarbeiten. Ich war in der Papierfabrik von Bischwiller eingesetzt, wo man Bandagen für die Kriegsverletzten anfertigte.

1942 konnte Jean-Paul nach einem Skiunfall für zwei mal sechs Monate befreit werden und so der Einberufung durch die Einsatztruppe entgehen. Aber nach dieser Zeit erhielt er schließlich doch einen „Stellungsbefehl". Es war der Arzt, bei dem ich den Pflegedienst während der Schulferien absolviert hatte, der Jean-Paul in seiner Wohnung versteckte. Als die Situation zu gefährlich wurde, verließ er dieses Versteck in Haguenau, und mein Onkel Charles in Bischwiller, der jüngste Bruder meiner Mutter, versteckte ihn hinter einer falschen Mauer seines Hauses.

In diesem Versteck waren auch andere junge Leute untergebracht. Einer von ihnen, der es nicht mehr aushielt, so zwischen den Mauern gefangen und eingesperrt zu sein, flüchtete eines Abends, während Jean-Paul und die anderen schliefen. Dieser junge Mann, der aus seinem kostbaren Versteck weglief, wurde gefasst. Er wurde einem Verhör unterzogen und denunzierte dabei all die anderen jungen Männer – darunter auch meinen Onkel Charles – sowie mehrere Mitglieder der Résistance, dem Widerstandsnetz, zu der dieser gehörte.

Schreckliche Verwirrungen für die Elsässer

Mein Onkel kam als Gefangener in ein Lager nach Deutschland, und mein Mann wurde von der deutschen Armee eingezogen, in deutsche Uniform gesteckt und an die polnische Grenze nach Graudenz geschickt, das liegt im Nordwesten von Polen.

Nach dem Fronteinsatz in Polen wurde Jean-Paul an die Front in die Ardennen entsendet, wo er von den alliierten Truppen gefangengenommen wurde, da sie ihn wegen der Uniform für einen Deutschen hielten; das war der Gipfel! Diese Alliierten wollten ihn töten… Glücklicherweise konnte Jean-Paul ihre Sprache verstehen und drückte sich auf Englisch aus mit den Worten: „Don't shoot, I'm a French man" (nicht schießen, ich bin Franzose!). Die Amerikaner haben ihn schließlich den Franzosen ausgeliefert. Diese nahmen ihn gefangen und inhaftierten ihn in Compiègne. In diesem französischen Gefängnis wurde er als „sale Boche" (schmutziger Deutscher) beschimpft.

In welch schrecklichen und absurden Situationen befanden sich so viele Elsässer, die in ihrem eigenen Land als Feinde angesehen wurden!

Une cachette et ses conséquences

Après avoir arrêté mes études à la Faculté de Médecine, il a fallu continuer à participer à l'effort de guerre. Ainsi j'ai dû travailler à l'usine de papier de Bischwiller, où l'on fabriquait des bandages pour les blessés de guerre.

En 1942, après un accident de ski, Jean-Paul a pu être réformé pour deux périodes de six mois et ainsi échapper à l'incorporation de force. Mais après cette période, il a quand même reçu un « Stellungsbefehl » (ordre de mission). C'est le médecin, auprès duquel j'effectuais le « Pflegedienst » durant les congés scolaires, qui a caché Jean-Paul à l'étage de son domicile. Quand la situation est devenue trop dangereuse, il a quitté cette cachette à Haguenau et c'est mon oncle Charles de Bischwiller (le plus jeune frère de ma mère) qui l'a caché dans un faux mur de sa maison.

D'autres jeunes étaient dans cette cachette, mais l'un d'entre eux, n'en pouvant plus d'être ainsi prisonnier et cloîtré entre des murs, s'est enfui un soir, pendant que Jean-Paul et les autres dormaient. Ce jeune qui s'est enfui de sa précieuse cachette a été arrêté. Il a été soumis à interrogatoire et a dénoncé tous les autres jeunes, ainsi que mon oncle Charles et plusieurs membres du réseau de la Résistance dont il faisait partie.

Situation confuse et terrible désarroi chez les Alsaciens

Mon oncle a été fait prisonnier dans des camps en Allemagne et mon mari a été incorporé de force sous l'uniforme allemand et envoyé sur le front de Pologne à Graudenz (Nord Ouest de la Pologne).

Après le front de Pologne, Jean-Paul a été envoyé sur le front des Ardennes, où il a été fait prisonnier par les troupes alliées, puisqu'ils le considéraient comme un Allemand avec son uniforme. Un comble ! Ces alliés voulaient l'abattre… Par chance Jean-Paul connaissait leur langue et s'est exprimé en anglais «don't shoot, I'm a French man» : ne tirez pas, je suis Français ! Les Américains l'ont livré aux Français, qui l'ont fait prisonnier et interner à Compiègne. Dans cette prison française, il se faisait traiter de «sale Boche».

Dans quelle situation terrible et absurde se sont retrouvés tant d'Alsaciens, considérés comme ennemis dans leur propre pays !

Le frère de Jean-Paul a tout entrepris pour venir le chercher. Ils ont teint l'uniforme allemand avec de la teinture bleu marine. Mais ils n'ont pas pu rejoindre l'Alsace directement, les régions françaises n'ayant pas toutes été libérées en même temps.

Der Bruder von Jean-Paul unternahm alles, um ihn zurück zu holen. Sie haben die deutsche Uniform mit marineblauer Farbe angestrichen. Aber sie konnten nicht direkt zurück ins Elsass, da die Regionen Frankreichs nicht alle zur gleichen Zeit befreit wurden. Sie mussten über Avignon im Süden, um ins Elsass zu gelangen. Das war nicht gerade der direkteste Weg!

Im März 1945 war Jean-Paul zurück. Welch ein Glück und welche Erleichterung, das Wiedersehen... Unser erster Sohn wurde 1946 geboren, mehr als ein Jahr nach der Rückkehr meines Mannes.

Die Kriegszeit hat uns geprägt, aber ich habe keine Gewalt erleiden müssen. Es galt durchzuhalten, sich an die seltenen Nachrichten zu klammern und auf die gesunde und heile Rückkehr der Verwandten zu hoffen.

Wie war der gewöhnliche Alltag?

Anekdoten aus dem Alltag gibt es viele. Beispielsweise erinnere ich mich noch daran, wie wir heimlich unter der Bettdecke englische Nachrichten über den Rundfunksender BBC hörten. Oder ich denke an die Parade der französischen Gefangenen in den Straßen unserer Städte, und dass dabei einer unserer Nachbarn, der für die Deutschen war („pro Boches"), sie auspfiff. Ich erinnere mich auch an die Kommentare meiner Großmutter mütterlicherseits, die sagte: „Wenn nur die Deutschen so wären wie die von früher...". Sie stellte die Nazideutschen des Dritten Reichs denen der Kaiser-Epoche gegenüber.

Ich kann mich auch noch erinnern, dass ich am Ende des Krieges von einem der deutschen Lehrer aus meiner Schule in Haguenau einen Brief bekommen habe. Er bat mich sehr, ein Zeugnis zu schreiben, einen Brief, der versicherte, dass er kein Nazi sei und dass er sich während der Besatzungszeit nicht in dieser Form aufgeführt hätte. Das Zeugnis sollte sicher dazu dienen, Vergeltungsmaßnahmen oder gar Gefängnis für ihn zu vermeiden. Aus Gründen, an die ich mich nicht mehr erinnere, habe ich diesen Brief nicht rechtzeitig erhalten. Damals hat es mir Kummer bereitet, ihm nicht nützlich gewesen sein zu können, denn er war wirklich ein guter Mensch.

Eine neue Existenz

Nach dem Krieg bewarb ich mich um eine Beschäftigung in der Bibliothek in Strasbourg. Ich hatte die Buchmaterialien, die ausgeliehen wurden, vorzubereiten und wieder zurückzustellen sowie Nachforschungen zu betreiben. Aber, ehrlich

Ils ont dû transiter au Sud par Avignon, avant de pouvoir rejoindre l'Alsace, ce n'était pas vraiment le trajet le plus direct !

Jean-Paul était de retour en Mars 1945. Quel bonheur et quel soulagement, le temps des retrouvailles ... Notre premier fils est né en 1946, soit moins d'une année après le retour de mon mari.

La période de guerre a été marquante, mais je n'ai souffert d'aucune violence. Il a fallu tenir bon, s'accrocher aux rares nouvelles et espérer le retour sain et sauf de nos proches.

Comment était la vie de tous les jours ?

Des anecdotes du quotidien, il y en a beaucoup. Moi par exemple, je me souviens encore comment on écoutait clandestinement les informations en français diffusées par la radio BBC sous les couvertures du lit ou encore des défilés de prisonniers français dans les rues de notre ville et qu'un de nos voisins «pro Boches» huait, ou encore des commentaires de ma grand-mère maternelle qui disait : « Si seulement ces Allemands étaient comme ceux d'avant !». Elle opposait les Allemands nazis du III e Reich aux Allemands de l'époque impériale.

Je me souviens aussi, à la fin de la guerre, avoir reçu une lettre d'un des professeurs allemands de mon école à Haguenau. Il me sollicitait pour que je rédige un témoignage, une lettre, certifiant qu'il n'était pas un nazi et qu'il ne s'était pas comporté ainsi pendant la période d'occupation, afin de lui éviter certainement des représailles ou l'emprisonnement. Pour des raisons dont je ne me souviens plus, je n'ai pas reçu cette lettre à temps et à l'époque cela m'avait fait de la peine de n'avoir pas pu lui être utile, car il était effectivement une «bonne personne».

Une nouvelle vie

Après la guerre, j'ai postulé pour un emploi à la Bibliothèque de Strasbourg, je devais préparer et remettre les ouvrages qu'on me demandait, faire des recherches, mais à vrai dire, ce que je préférais faire c'était ranger les livres, les nettoyer, les épousseter, j'avais toujours un chiffon à la main, j'adorais astiquer !

Mon responsable trouvait que mes compétences étaient sous-exploitées et que je ferais mieux de poursuivre mes études. Mon mari également m'encourageait à reprendre mes études. C'est ainsi que j'ai intégré la faculté de langues Allemand/Anglais. En 1959, alors que mon fils aîné avait déjà 13 ans, que j'obtenais mon

gesagt, was ich am liebsten tat, war, die Bücher aufzuräumen, sie zu reinigen und zu entstauben. Ich hatte immer einen Lappen in der Hand, ich liebte es, zu polieren und zu putzen.

Mein Vorgesetzter fand, dass ich unter meinen Fähigkeiten arbeitete und dass ich besser daran täte, meine Studien fortzusetzen. Mein Mann ermutigte mich ebenfalls dazu. So nahm ich an der Universität das Sprachstudium in Deutsch und Englisch auf. 1959, als mein ältester Sohn schon 13 war, erhielt ich meine erste Anstellung als Deutsch-Lehrerin – und ich war schwanger mit meinem zweiten Sohn!

Es war ein Dilemma: Ich hatte mich so angestrengt, meine Studien wieder aufzunehmen, und jetzt musste ich einen Weg finden, um das Berufsleben und das Leben als Mutter und Familienfrau miteinander in Einklang bringen. Es war ein Glück, noch einmal Mutter zu werden, aber ich war frustriert, dass ich nicht „Mutter in Vollzeit" sein konnte. Heute ist das eine einfache Sache, aber in diesen Nachkriegsjahren war die Vereinbarkeit von Beruf und Familie für die Frauen noch nicht sehr üblich.

Ich hatte in meinem Leben nicht viele Mutproben zu bestehen.

Die Kriegszeit hat alle, die sie erlebt haben, natürlich sehr geprägt. Aber viele andere Menschen haben Lebensstrecken hinter sich, die viel beschwerlicher oder tragischer waren. Der Tod meines Vaters, das nicht immer leichte Leben, das sich daraus ergab – besonders für meine Mutter –, wird für immer zu den prägendsten Erinnerungen gehören. Meine Mutter sprach mir gegenüber oft von den letzten Worten vor seinem Tod: „Halt dich an Gott".

Die anderen eindrucksvollen Abschnitte in meinem Leben waren die Geburt meiner Söhne oder auch die Versetzung meines Mannes an eine Lehrerstelle nach Übersee, nämlich Guyana. Dort, weit weg von meiner Heimat und von meiner Mutter, erschienen mir die Jahre lang.

In jüngster Zeit ist der Tod meines Mannes eine tragische Prüfung für mich. Es ist ziemlich schwierig, darüber hinweg zu kommen, nach so vielen Jahren des Zusammenseins.

Was bleibt nach einem langen Leben?

Um ein Resümee zu ziehen, kann ich sagen, dass ich ein schönes Leben hatte. Aber so kurz vor meinem Lebensende – und vor allem seit dem Tod meines Mannes – habe ich keine Ziele und Wünsche mehr. Ich will mich nicht beklagen, aber das Leben ohne ihn lastet schwer auf mir, und ich empfinde eine große Leere.

premier poste de professeur d'allemand ... je me suis retrouvée enceinte de mon deuxième fils !

Ce fut un sacré dilemme, je m'étais tellement efforcée de reprendre mes études et voilà qu'il fallait concilier la vie professionnelle et la vie de mère de famille. C'était un bonheur d'être maman une nouvelle fois, mais j'étais frustrée de ne pas pouvoir être mère à plein temps. C'est une situation très banale maintenant, mais dans les années après-guerre, ce n'était pas encore très répandu pour les femmes de concilier vie de famille et vie professionnelle.

Je n'ai pas à recenser de grandes épreuves dans ma vie.

La période de la guerre fut bien sûr une expérience marquante comme pour tous ceux qui l'ont vécue, beaucoup d'autres ont eu des parcours de vie beaucoup plus pénibles ou tragiques. Le décès de mon père, la vie pas toujours facile qui en a découlé, surtout pour ma mère, fera toujours partie de mes souvenirs les plus marquants. Ma mère m'a souvent raconté les dernières paroles de mon père avant qu'il ne meurt «Halt an Gott» : il faut s'en remettre à Dieu.

Les autres étapes marquantes de ma vie, sont la naissance de mes fils, ou encore la mutation de mon mari à un poste d'enseignant en Outre-Mer en Guyane, où ces quelques années loin de ma terre natale et de ma mère, me parurent bien longues.

Plus récemment, le décès de mon mari a été une épreuve tragique, qu'il est bien difficile de surmonter après tant d'années de vie commune.

Que reste-t-il après une si longue vie ?

Pour clore ce récit, je peux dire avoir eu une belle vie bien remplie, mais au crépuscule de celle-ci et surtout après le décès de mon mari, je n'ai plus de projets et de désirs. Je ne me plains pas, mais la vie sans mon mari me pèse et je ressens un grand vide.

Heureusement que j'ai la compagnie de ma chatte, j'y suis très attachée et elle remplit un peu ce vide, bien qu'elle soit très capricieuse et me tourne souvent en bourrique !

J'ai une petite fille et deux arrière-petits-fils, que je vois de temps en temps, principalement lors des fêtes de famille. Mes deux fils sont aussi très présents, mon fils cadet vient dîner chez moi après son travail un soir par semaine et mon fils aîné passe aussi chaque semaine. Une fois par mois environ il m'emmène à Kehl chez mon pédicure, et à midi, son frère qui travaille à Kehl, nous rejoint et nous déjeunons tous les trois au restaurant. A cette occasion nous

Glücklicherweise habe ich die Gesellschaft meiner Katze, ich bin sehr mit ihr verbunden, obwohl sie sehr kapriziös ist und mich oft zum Narren hält.

Ich habe eine Enkelin und zwei Urenkel, die ich von Zeit zu Zeit, hauptsächlich zu Familienfeiern, sehe. Meine zwei Söhne sind auch häufig anwesend. Der Jüngere kommt jede Woche einmal am Abend nach der Arbeit zu mir zum Essen. Der Ältere kommt auch jede Woche vorbei. Einmal im Monat bringt er mich nach Kehl zur Fußpflege. Mittags kommt dann der Bruder dazu. Er arbeitet in Kehl und wir essen alle zusammen im Restaurant. Dabei überqueren wir den Rhein bei der „Europabrücke", le „Pont de l'Europe", in der Tat ein schönes Symbol für die Verbindung zwischen zwei Ländern, die einst verfeindet waren. Vor allem, wenn man bedenkt, dass es sich dabei um einen der wenigen Orte handelt, wohin ich noch Ausflüge mache.

Was ich weitergeben möchte

Den jungen Frauen der heutigen Generation habe ich nicht wirklich Ratschläge oder Botschaften mitzugeben. Es ist unbestritten, dass dank der Bildung und der Erziehung die Frauen auf allen Gebieten besser informiert sind und über ihr Leben selbst bestimmen können: Sie können ein vielfältigeres Leben führen und Zugang zur Arbeitswelt haben, kurz, sie sind Akteurinnen ihres Lebens! Es gibt heute bei uns viel weniger Frauen, die ihre Existenz passiv erdulden müssen. Dennoch: Das viel mehr selbst bestimmte Leben von heute bedeutet nicht zwangsläufig das Pfand für Erfolg und Glück.

Die jetzige Generation von Frauen muss sich um ganz andere Dinge kümmern als zu meiner Zeit. Auf alle Fälle sind sie weniger abhängig von ihrem Ehemann, und vor allem: Sie sind besser informiert. Ich denke, jede Frau sollte es so halten, dass sie ihr Leben, ihr Schicksal aktiv in die Hand nimmt und danach strebt, sich voll entfalten zu können und glücklich zu sein.

Für mich persönlich sind die wichtigsten Dinge, für die es sich lohnt zu leben, die Liebe zum Partner, zur Familie, die Zusammengehörigkeit unter den Menschen und eine Welt in Frieden.

franchissons le Rhin sur le « Pont de l'Europe » ce qui représente un beau symbole entre nos deux pays après la période de guerre, surtout qu'il s'agit d'une de mes très rares sorties.

Ce que j'aimerais transmettre

Aux jeunes femmes de la génération actuelle, je n'ai pas vraiment de conseils à donner ou de messages à faire passer. Il est indéniable que grâce à l'instruction et à l'éducation, les femmes sont mieux informées dans tous les domaines et peuvent décider de leur vie, mener une vie plus riche et accéder au monde du travail. Elles sont actrices de leur vie, elles sont beaucoup moins nombreuses à subir leur vie, même si cela n'est pas forcément gage de réussite ou de bonheur.

Les femmes ont d'autres préoccupations aujourd'hui qu'à mon époque, mais du moins sont-elles moins dépendantes de leur mari et surtout moins ignorantes. Je pense que chaque femme doit faire en sorte de prendre sa vie, son destin en main pour être pleinement épanouie et heureuse.

Pour moi l'amour d'un époux, d'une famille, la fraternité, un monde en paix sont les choses les plus importantes.

EINST GESCHLOSSENE GRENZE – HEUTE WEIT OFFEN

Ulla, geboren 1924 in Frankfurt
Text von Ursula Zimmermann

Ich habe diesen Titel gewählt, weil ich die Grenze und die Hasstiraden auf beiden Seiten noch gut in Erinnerung habe. Ich war sehr glücklich, als ich von dem Treffen der beiden Staatsmänner de Gaulle und Adenauer erfuhr. Endlich bestand die Hoffnung, dass die beiden Völker nie mehr gezwungen wären, die Waffen gegeneinander zu erheben. Für mich war es etwas ganz Großes, dass diese zwei Erzfeinde Frieden miteinander schlossen.

Die ersten sechs Lebensjahre verbrachte ich mit meinen Eltern und meiner größeren Schwester Gisela in Frankfurt. Meine Eltern waren Preußen, die im Kaiserreich groß geworden waren. So wuchsen wir in einem Elternhaus auf, das geprägt war von den Idealen und Tugenden des Kaiserreiches, aber frei von Dogmen oder sonstigen Zwängen.

Wir hatten damals noch kein elektrisches, sondern Gaslicht. Es beeindruckte mich immer sehr, wenn Mutter an einem Schnürle zog, dann das ausströmende Gas mit einem Streichholz anzündete und der schöne Glasschirm mit Perlenfransen zu leuchten begann. Sonst habe ich nur wenige Erinnerungen an diese Zeit.

1930 siedelten wir nach Hagsfeld über, einem Vorort von Karlsruhe. Sechs Jahre lang wohnten wir dort. Ich erinnere mich gern an diese Zeit, auch wenn ich am Anfang wegen der verschiedenen Dialekte so manche Sprachschwierigkeiten hatte.

1936 zogen wir in die Innenstadt von Karlsruhe, und ich besuchte die Fichte-Schule, eine Mädchen-Realschule. Ich lernte Erika kennen, die zwar nicht in meiner Klasse war,

Die 14-jährige Ulla macht einen Fahrradausflug an den Rhein, 1939.

Ulla âgée de 14 ans lors d'une sortie à bicyclette au bord du Rhin en 1939.

DES FRONTIÈRES FERMÉES HIER, GRANDES OUVERTES AUJOURD'HUI

Ulla, née en 1924 à Frankfurt
Texte traduit par Annick Médard

J'ai choisi ce titre, parce que j'ai encore bien en mémoire cette frontière et les tirades haineuses qui l'accompagnaient. Ce fut avec bonheur que j'appris la rencontre des deux chefs d'Etat, de Gaulle et Adenauer. Pour nos deux peuples l'espoir de ne plus avoir à prendre les armes les uns contre les autres se profilait enfin à l'horizon. Pour moi cette paix conclue entre ces deux ennemis jurés était un événement capital.

C'est à Frankfurt que j'ai passé les six premières années de ma vie, avec mes parents et ma sœur ainée Gisela. Ils étaient prussiens et avaient grandi sous l'empire. Voilà pourquoi nous avons été élevées dans une famille marquée par les idéaux et les vertus de l'empire, bien que loin de tout dogme ou autre contrainte.

A l'époque nous n'avions pas encore l'électricité mais l'éclairage au gaz. Cela me fascinait toujours lorsque ma mère tirait sur la cordelette et à l'aide d'une allumette allumait le gaz qui s'échappait, éclairant lentement l'abat-jour en verre garni de pampilles. Je n'ai guère d'autre souvenir de ce temps-là.

Nous avons déménagé en 1930 à Hagsfeld, un faubourg de Karlsruhe où nous avons habité pendat six ans. J'ai plaisir à repenser à ces années, même si au début j'avais un peu de difficulté avec les différents dialectes.

C'est en 1936 que nous avons déménagé au centre de Karlsruhe, où je fréquentais alors le collège Fichte,

aber den gleichen Schulweg hatte, und wir wurden schnell Freundinnen. Wir radelten häufig das Pfinztal hinauf, um Erikas Großeltern zu besuchen, die in Niebelsbach Landwirtschaft betrieben und ein Gasthaus besaßen. In unseren Ferien halfen wir ihnen bei der Ernte, der Lese oder auch in der Gastwirtschaft. Dort entdeckte ich meine Liebe zur Landwirtschaft.

Die Bildung und Ausbildung von meiner Schwester und mir waren meinen Eltern sehr wichtig. Wir durften beide die Mädchenschule in Karlsruhe besuchen, ich sollte das Abitur machen. Doch weil mir die Landwirtschaft so am Herzen lag, wollte ich nach der Tertia (9. Klasse) nach Hohenheim auf die Landwirtschaftsschule gehen. Dazu musste man aber zuerst ein halbes Jahr beim Bauern den Arbeitsdienst absolvieren. Meine Eltern waren mit meinen Plänen einverstanden. Sie haben immer an mich geglaubt und mich unterstützt, viel geredet wurde darüber aber nicht. Es wurde gelebt; es waren Kriegszeiten.

Mein Vater hatte sich am Ende des Gymnasiums freiwillig gemeldet und den Krieg 1914–18 mitgemacht. Er hatte im Krieg seinen rechten Arm verloren und die anschließende Besatzung miterlebt. Die Franzosen mochte er nicht besonders.

Ein Ereignis erzählte er uns aber immer wieder: Als Meldereiter im Einsatz in Frankreich sah er eines Tages einen einzelnen französischen Meldereiter in seine Richtung reiten, nur durch ein schmales Tal von ihm getrennt. Als sie auf gleicher Höhe waren, hielten sie ihre Pferde an, zogen beide ihre Degen und senkten sie zum Gruß, gaben dann den Pferden die Sporen und galoppierten davon. Das erzählte er voller Achtung vor diesem Franzosen. Wir Kinder sollten aus dieser Begebenheit verstehen, dass nicht die Völker, sondern die Herrschenden und Militärs die Kriege anzettelten, um ihre Macht zu demonstrieren. Das mussten wir ja leider auch hautnah miterleben.

Zum Thema Nationalsozialismus kann ich nicht viel sagen, da meine Familie und ich nichts Schlimmes erlebt oder erfahren haben. Über Konzentrationslager wussten wir nur das, was man uns erzählt hatte: Dort kommen die Menschen hin, die ein Verbrechen begangen haben, die zum Beispiel Feldpost geklaut haben. Naiv wie ich damals war, habe ich das geglaubt. Umso größer war später mein Entsetzen, dass ich Massenmörder unterstützt hatte.

Als der Zweite Weltkrieg ausbrach, war ich in der 9. Klasse, ich war 15 Jahre alt. Verblendet durch die Hetze in der Schule waren die Franzosen für mich die Feinde.

Wie viele meiner Mitschülerinnen war ich auch Mitglied im „Bund Deutscher Mädel" (BDM). Einmal wöchentlich fanden Heimatabende statt, zu denen ich

réservé aux filles et c'est là que je fis la connaissance d'Erika. Elle n'était pas dans ma classe mais faisait le même trajet que moi pour se rendre à l'école. Rapidement nous devînmes amies et très souvent nous allions à bicyclette remontant la vallée de la Pfinz, pour nous rendre chez les grands parents d'Erika, qui possédaient une auberge à Niebelsbach tout en étant agriculteurs. Pendant les vacances nous les aidions à la moisson, aux vendanges et même à l'auberge. C'est là que je pris vraiment goût à l'agriculture.

Pour mes parents notre éducation et notre formation, à ma sœur et à moi, avaient une grande importance. Toutes deux nous fréquentions l'école des filles à Karlsruhe et je devais passer mon baccalauréat. Cependant comme l'agriculture me tenait tellement à cœur, je voulais après la troisième aller au lycée agricole de Hohenheim. Auparavant il fallait évidemment faire six mois de service civique (Arbeitsdienst) chez des paysans. Mes parents étaient d'accord avec mes projets. Ils avaient confiance en moi et me soutenaient, mais on n'en parlait guère. On vivait tout simplement et c'était la guerre.

À la fin de ses années de lycée mon père s'était engagé volontaire dans la guerre de 14–18. Il y a perdu son bras droit et a supporté l'occupation qui s'en suivit. Les Français il ne les portait pas spécialement dans son cœur.

Pourtant il nous racontait régulièrement cette anecdote : En tant qu'estafette intervenant en France, il aperçut un jour une estafette française, qui galopait dans sa direction. Ils n'étaient séparés que par une combe étroite et lorsqu'ils furent à la même hauteur, ils arrêtèrent leurs chevaux, dégainèrent et se saluèrent de l'épée, puis éperonnant leurs montures repartirent au galop. Il racontait cela avec beaucoup de considération envers ce Français qui l'avait respecté. Par cet exemple nous devions, nous les enfants, comprendre que ce n'était pas les peuples mais bien les dirigeants et l'état-major qui provoquaient les guerres, pour asseoir leur pouvoir. Malheureusement nous devions en faire l'amère expérience.

En ce qui concerne le nazisme, je n'ai pas grand-chose à raconter, ma famille n'ayant pas vécu de drame de près ou de loin. Sur les camps de concentration, nous ne savions que ce que l'on voulait bien nous en dire : on y enferme ceux qui ont commis un délit, ceux qui ont subtilisé du courrier de l'armée par exemple. Dans ma naïveté je l'ai cru et mon effarement fut d'autant plus grand, lorsque je compris que j'avais cautionné un génocide.

Lorsque la Deuxième Guerre mondiale fut déclarée, j'étais en troisième et avais 15 ans. Subjuguée par une propagande acharnée à l'école, les Français représentaient pour moi l'ennemi.

gerne ging. Dort wurde viel gesungen und gespielt, bei gutem Wetter waren wir im Wald oder auf dem Sportplatz.

1939 wurde Baden direktes Frontland im Krieg gegen Frankreich. Frauen und Kinder, so auch meine Mutter, Gisela und ich, wurden ins Hinterland evakuiert. Vier Wochen verbrachten wir in Backnang, dann durfte meine Mutter nach Karlsruhe zurückkehren, weil mein Vater mit nur einem Arm auf ihre Hilfe angewiesen war. Meine Schwester und ich kamen zu unserer Tante, der Schwester meines Vaters, die mit ihrer Familie in Mayen in der Eifel wohnte. Dort lernten wir auch Jakob kennen, den jüngeren Bruder ihres Mannes, der acht Jahre später mein Mann werden sollte. 1942, nach sechs Monaten Einsatz in der Landwirtschaft, ging es dann statt auf die Landwirtschaftsschule in Hohenheim zum Arbeitseinsatz beim Militär. So hat mir der Krieg meine Zukunftspläne zunichte gemacht.

Ulla als BDM-Mädel, 1939.

Ulla, jeune fille de la BDM en 1939.

Nachdem in Stalingrad eine ganze Armee verloren gegangen war, wurden die Soldaten an der Front gebraucht und von der Heimatfront abgezogen. Uns Frauen und Mädchen schickte man zum Militär, was für uns Nachrichtendienst bedeutete.

Ich kam in eine Stellung mit Funkmessgeräten (heute Radar) und landete schließlich in Pommern, etwa 20 km östlich von Stettin. Dort saß ich zunächst am „Klappenschrank", später dann an Radar-, Funk- und Messgeräten. Als ich dort mitbekam, dass süddeutsche Städte bombardiert wurden, lebte ich in ständiger Angst um meine Familie. Ich habe stets gehofft, dass sie den nächsten Fliegeralarm überlebten.

1943 starb mein Vater mit 47 Jahren an einem Nierenversagen. Als ich Ostern mit dem Arbeitsdienst beginnen musste, war von Krankheit noch keine Rede gewesen. Pfingsten war Vater bereits blind und tastete mein Gesicht ab, um mich zu erkennen. Im Juli fuhr ich dann nach Karlsruhe zu seiner Beerdigung. Und schon zwei Tage später ging es zurück zum Arbeitsdienst. Ich hatte immer eine enge Beziehung zu meinem Vater und musste nun ganz allein mit seinem Tod fertig werden.

Während ich im Arbeitsdienst war, fuhr meine Mutter mit Gisela mehrfach nach Mayen, um den Luftangriffen auf Karlsruhe zu entkommen. Mein Onkel

Comme beaucoup de mes camarades d'école, j'étais membre de la BDM (Ligue des jeunes filles allemandes). Une fois par semaine des soirées patriotiques étaient organisées, auxquelles je participais volontiers. On y chantait et on y jouait beaucoup ; par beau temps cela se passait en forêt ou sur le terrain de sport.

En 1939, le Pays de Bade faisait partie du front ouest. Les femmes et les enfants, par conséquent ma mère, Gisela et moi, furent évacuées à l'arrière. Nous avons alors passé quatre semaines à Backnang, puis ma mère eut le droit de retourner à Karlsruhe, parce que mon père n'ayant plus qu'un bras, nécessitait son aide.

Ma sœur et moi sommes alors allées chez notre tante, la soeur de mon père, qui habitait avec sa famille à Mayen dans l'Eifel. C'est là que nous avons fait la connaissance de Jakob, le plus jeune frère de son mari, celui qui devait devenir huit ans plus tard mon mari. En 1942, après six mois de mobilisation dans l'agriculture, au lieu d'aller au lycée agricole de Hohenheim, j'ai été réquisitionnée pour travailler dans l'armée. C'est ainsi que la guerre a anéanti tous mes projets.

Après que toute une armée a été décimée à Stalingrad, on déplaça les soldats du front ouest vers le front est, où on en avait besoin. Nous les femmes et les filles, on nous envoya à l'armée, ce qui signifiait les télécommunications.

J'atterris à un poste où j'étais entourée de dispositifs de mesures radio (aujourd'hui radars) et cela en Poméranie, à 20 km environ de Stettin. D'abord on me mit au standard puis aux radars, radios et autres appareils de mesures. Lorsque j'apprenais que les villes du sud de l'Allemagne étaient bombardées, je vivais dans une angoisse permanente en pensant à ma famille. J'espérais toujours qu'elle survivrait à la prochaine attaque aérienne.

En 1943 mon père mourut d'une affection rénale à l'âge de 47 ans. Pourtant, lorsque j'avais commencé mon service civique à Pâques, il n'avait pas été question de maladie. A la Pentecôte mon père était déjà aveugle et il me toucha le visage pour me reconnaître. En juillet, je me rendis à Karlsruhe à son enterrement et deux jours plus tard il me fallait reprendre du service. Moi qui avais toujours été très proche de mon père, voilà que je devais faire mon deuil toute seule.

Ulla in Arbeitsdienstuniform mit ihrer Schwester, 1943.

Ulla en uniforme du service civique avec sa sœur en 1943.

wurde als „blauer Eisenbahner" eingezogen und sein Bruder Jakob übernahm die Vaterrolle für die fünf Kinder. „Blaue Eisenbahner" wurden die Eisenbahner genannt, die zwischen Front und Heimat eingesetzt waren, z.B. in Verwundetenzügen oder um Gefangene oder auch Verpflegung zu transportieren. So lernte auch meine Mutter Jakob kennen und schätzen.

Bei einem Fliegerangriff auf Mayen, im Mai 1944, kamen meine Tante und ihre Kinder ums Leben. Ich bekam keine Erlaubnis, zu ihrer Beerdigung zu fahren, und war darüber sehr traurig.

Im November 1944 wurde bei einem Bombenangriff auf Karlsruhe unser Haus in der Belfortstraße so stark zerstört, dass es unbewohnbar war. So wurden meiner Mutter und Gisela in der Kaiserallee zwei Zimmer mit Küche innerhalb einer 7-Zimmer-Wohnung zugewiesen. Ich erhielt Urlaub, um beim Umzug zu helfen.

Vier Wochen später, im Dezember 1944, bot sich mir die Möglichkeit, mich zu einem Lehrgang nach Berlin zu melden, die ich sofort wahrnahm. Im Februar 1945 war ich kurz zu Hause bei meiner Familie, um mir Zivilkleidung zu holen. Meine Arbeitskleidung musste ich abgeben, weil ich nun nicht mehr zum Arbeitsdienst, sondern zum Militär gehörte.

Von Berlin aus wurden wir nach Rudolstadt in Thüringen verlegt und flohen dann von dort aus mit dem letzten Verwundetenzug Ende April 1945 Richtung Heimat. Eine Freundin, die ich in Berlin kennengelernt hatte, nahm mich Anfang Mai mit nach Stuttgart, da Karlsruhe zu diesem Zeitpunkt schon von den Franzosen besetzt war. So erlebte ich das Kriegsende in Stuttgart.

Am zweiten oder dritten Tag nach der Besetzung Stuttgarts erzwangen sich zwei marokkanische Soldaten den Zugang zur Wohnung der Eltern meiner Freundin. Während der Ältere die Wohnung durchsuchte, drängte der Jüngere die Haushaltshilfe und mich in einem Zimmer an die Wand und richtete das Gewehr mit aufgepflanztem Bajonett auf mich. Ich spürte schon die Spitze

Pendant que j'étais à l'« Arbeitsdienst », ma mère se rendit à plusieurs reprises avec Gisela à Mayen, afin d'éviter les bombardements de Karlsruhe. Mon oncle ayant été réquisitionné en tant que « cheminot bleu », son frère Jakob assuma le rôle de père pour les cinq enfants. On appelait « cheminot bleu » ceux qui étaient mobilisés entre front et région dont ils étaient originaires ; ils devaient transporter des blessés, des prisonniers ou encore des vivres. C'est ainsi que ma mère fit la connaissance de Jakob et se mit à l'apprécier.

Lors d'un bombardement sur Mayen, en mai 1944, ma tante et ses enfants ont été tués. Je n'avais pas obtenu de permission pour me rendre aux obsèques, j'en étais très triste. Au cours du bombardement de Karlsruhe, en novembre 1944, notre maison de la Belfortstrasse a été tellement endommagée, qu'elle était devenue inhabitable. C'est ainsi qu'on alloua à ma mère et à Gisela deux pièces et une cuisine, qui faisaient partie d'un appartement de sept pièces de la Kaiserallee. Toutefois j'avais obtenu un congé pour aider au déménagement.

Environ un mois plus tard, j'eus l'occasion de poser ma candidature pour une formation à Berlin, qui se concrétisa d'ailleurs en décembre 1944. En février 1945 je suis passée à la maison pour chercher des habits civils, mes habits de travail devant être rendus, puisqu'à présent j'appartenais à l'armée et non plus à « l'Arbeitsdienst ».

De Berlin nous avons alors été transférées à Rudolfstadt en Thuringe et de là avons fui au printemps 1945 avec le dernier convoi de blessés en direction de la maison. Une amie dont nous avions fait la connaissance à Berlin, m'emmena à

auf meiner Brust, da kam zum Glück der andere Soldat herein und hielt ihn davon ab, uns Leid anzutun. Er brachte ihn dazu, mit ihm gemeinsam die Wohnung zu verlassen. Wieder einmal dankte ich meinem Schutzengel, der mich schon im Februar 1945 in Berlin beschützt hatte, als ich mit Hunderten von Menschen in einem U-Bahnhof auf das Ende des Bombenhagels warten musste.

Ich wollte nur noch nach Hause. Am Pfingstsonntag machte ich mich zu Fuß auf den Weg Richtung Karlsruhe. Dabei half mir die Sonne, die Richtung zu halten. Unterwegs im Wald traf ich eine Frau mit ihren beiden Buben, die ihre Habseligkeiten auf einem Malerkarren transportierte, einem Karren mit zwei großen Wagenrädern, zwei langen Holmen von einem Meter und einer flachen Pritsche. Sie kam von der Schwäbischen Alb und war auf dem Weg nach Pforzheim. Meine gesamten Besitztümer, die ich in einem Koffer und einem Rucksack hatte, durfte ich auf den Karren legen und gemeinsam liefen wir weiter, bis wir im Schutz der Dunkelheit Pforzheim erreichten. Ich durfte bei ihrer Familie übernachten und am nächsten Morgen lief ich weiter, immer auf der Flucht vor der Besatzungsmacht.

Fremde Menschen führten mich durch ihre Keller, die teilweise miteinander verbunden waren, und durch ihre Gärten und begleiteten mich bis zum Wald. Wenn ich auf Dörfer stieß, wurde ich von Dorfbewohnern um diese herumgeleitet.

Einmal kam ein Mann hinter mir her und ich lief so schnell ich konnte. „Lauf doch nicht so schnell, Mädchen, ich will dir doch nichts tun, sondern nur tragen helfen," rief er laut. Er begleitete mich dann mehrere Stunden lang und trug meinen Koffer, bis wir nach Pfinztal bei Karlsruhe kamen. Dort durfte ich bei einer Tante von Erika übernachten, und am nächsten Tag lief ich durch den Hardtwald über Hagsfeld nach Karlsruhe, weil die Stadt besetzt war.

Dank der Hilfsbereitschaft vieler Menschen stand ich schließlich vor dem Haus, in das man meine Familie 1944 nach einem Bombenangriff eingewiesen hatte. Endlich war ich daheim und Mutter und Schwester lebten noch! Sie waren von einer Nachbarin im Hinterhaus aufgenommen worden, als französische Offiziere das Vorderhaus beschlagnahmten. Unsere Möbel fanden wir unversehrt in einer Kammer, bis unter die Decke gestapelt. Da wusste ich, dass die Franzosen keine Monster waren, wie es uns im Dritten Reich im Geschichtsunterricht beigebracht worden war.

Kriegsbedingt hatte ich keinen Schulabschluss und keine Ausbildung, und nach dem Krieg fühlte ich mich nicht in der Lage, das Abitur nachzuholen.

Stuttgart début mai, car à ce moment-là Karlsruhe était occupé par les Français. C'est donc à Stuttgart que je vécus la fin de la guerre.

Le deuxième ou le troisième jour de l'occupation de Stuttgart, deux soldats marocains firent irruption dans l'appartement des parents de mon amie. Alors que le premier fouillait le logement, le plus jeune nous poussa, l'aide ménagère et moi, contre le mur de la pièce et braqua sa baïonnette sur moi. Je sentais déjà la pointe de son arme sur ma poitrine, quand par bonheur l'autre soldat entra et l'empêcha de nous faire du mal. Il le convainquit de quitter ensemble l'appartement.

A nouveau j'étais reconnaissante à mon ange gardien de m'avoir protégée, tout comme à Berlin en février 1945, lorsque j'attendais avec des centaines de personnes entassées dans une station de métro, la fin d'un bombardement.

Je ne désirais plus qu'une seule chose : rentrer chez moi. Et c'est par un dimanche de Pentecôte que je partis à pied en direction de Karlsruhe. Le soleil me fut d'un grand secours pour maintenir mon cap. En chemin, dans la forêt, je rencontrai une femme avec ses deux garçons, qui transportait ses affaires sur une charrette de peintre. Cette dernière avait deux grandes roues et deux montants d'un mètre de long ainsi qu'un châlit plat. Cette femme était originaire des Alpes souabes et se rendait à Pforzheim. J'ai pu mettre mes affaires qui tenaient dans une valise et un sac à dos sur la charrette. C'est ainsi que nous avons fait la route ensemble et avons atteint Pforzheim protégés par l'obscurité. J'ai pu passer la nuit dans sa famille et le lendemain matin je me suis remise en route, toujours fuyant les forces d'occupation.

Des gens que je ne connaissais pas me faisaient passer par des caves, qui communiquaient en partie entre elles ainsi que par leurs jardins, m'accompagnant jusqu'à la forêt. Lorsque je tombais sur des villages, les villageois me les faisaient contourner.

Un jour un homme me suivit et je marchais aussi vite que mes pas pouvaient me porter quand il s'écria : « Ne marche pas si vite, fillette, je ne te veux aucun mal, je veux simplement t'aider à porter ». Pendant plusieurs heures il m'accompagna et me porta ma valise jusqu'à notre arrivée à Pfinztal près de Karlsruhe. Là bas j'ai eu la possibilité de dormir chez une tante d'Erika et le lendemain je passai par Hagsfeld, en prenant la forêt de Hardtwald, parce que Karlsruhe était occupé.

Grâce à l'aide de beaucoup de personnes, je me trouvai enfin devant la maison, dans laquelle ma famille avait trouvé refuge après le bombardement de 1944. Enfin j'étais chez moi et ma mère et ma sœur vivaient encore ! Elles avaient été

Aufgrund vieler Erlebnisse war ich nur noch ein Bündel Angst. Bis heute kann ich es nicht ertragen, wenn Zimmertüren geschlossen werden.

Als nach Kriegsende viele Flüchtlinge aus dem Osten zu uns kamen, erhielten zwei Frauen mit jeweils einem Kind zwei Zimmer innerhalb unserer Wohnung. Wir mussten unsere Küche mit all unseren persönlichen Dingen mit ihnen teilen, was uns ziemlich schwer fiel. Eines Tages hieß es dann, wir hätten eines unserer beiden Zimmer abzugeben, da ein Zimmer für drei Frauen genug sei. Das war zuviel des Guten! Wir baten Jakob, von Mayen wegzuziehen und zu uns zu kommen. Doch dazu mussten verschiedene Hürden überwunden werden, denn Jakob lebte in der französischen Besatzungszone und wir in der amerikanischen. Mit Tricks und viel Überredungskunst erreichten wir nach ein paar Wochen unser Ziel: Jakob zog in unser zweites Zimmer. Darüber waren alle sehr froh, auch meine Mutter. „Endlich ein Mann im Haus!", sagte sie immer wieder.

Ulla als liebevolle, aber auch resolute Tagesmutter, 1978.

Ulla en nounou affectueuse mais résolue en 1978.

Jakob und ich kamen uns mit der Zeit immer näher und heirateten schließlich 1947. Wir bekamen zwei Söhne, ich blieb daheim und zog sie auf.

Wir hatten immer ein offenes Haus mit viel Besuch. Mit einer Freundin, die mit einem Franzosen verheiratet war, fuhr ich oft ins Elsass. Mir gefiel die Keramik von Soufflenheim sehr gut, ebenso das Essen in Elsässer Dorfgasthäusern. Diese Freundin hatte Beziehungen zum französischen Militär. So waren bei uns oft französische Segelflieger zu Besuch, die ich bekochte. Wir unterhielten uns mit Händen und Füßen und verbrachten fröhliche Abende miteinander.

Wie bei uns, so gab es im Elsass freundliche und lustige, aber auch mürrische und unfreundliche Menschen. Wir sprachen mit ihnen deutsch, wenn sie dazu bereit waren, ansonsten verständigten wir uns mit Zeichensprache.

1976 starb mein Mann. Da meine Söhne längst aus dem Haus waren, fiel mir bald die Decke auf den Kopf. So wurde ich Tagesmutter in einer Familie mit zwei Töchtern. Da die Mutter berufstätig war, passte ich die Woche über auf die Kinder auf, spielte und bastelte mit ihnen, betreute ihre Hausaufgaben und kochte für alle. Bis heute bin ich dieser Familie eng verbunden.

In meinem Leben gab es Höhen und Tiefen, Trauer und Freude zu verschiedenen Zeiten. Relativ schnell habe ich gelernt, dass Heulen und Jammern nicht

recueillies par une voisine dans l'arrière de la maison, alors que l'avant avait été réquisitionné par les officiers français. Nos meubles nous les avons retrouvés intacts, entassés jusqu'au plafond dans une mansarde. J'ai su alors que les Français n'étaient pas des monstres, comme on nous l'avait appris au cours d'histoire pendant le Troisième Reich.

En raison de la guerre je n'avais pas pu terminer mes études et n'avais donc pas de formation. Après la guerre je me sentais incapable de repasser mon bac. De nombreux événements ont fait que je n'étais qu'angoisse et peur. D'ailleurs, jusqu'à ce jour, je ne supporte pas de portes fermées à clef dans l'appartement.

Lorsqu'après la guerre de nombreux réfugiés de l'Est arrivèrent chez nous, deux femmes, chacune avec un enfant, avaient obtenu deux pièces dans notre appartement. Nous étions donc obligées de partager la cuisine avec toutes nos affaires personnelles, ce qui était pour le moins pénible. Puis, un jour on nous annonça qu'une seule pièce était bien suffisante pour trois femmes et qu'il fallait libérer notre seconde pièce. C'en était trop ! Nous avons immédiatement prié Jakob de quitter Mayen pour nous rejoindre. Mais il a fallu surmonter encore quelques obstacles, car Jakob vivait en zone française et nous en zone américaine. Grâce à des astuces et des arguments persuasifs, nous avons enfin atteint notre but après quelques semaines : Jakob a pu occuper la seconde pièce. Nous en étions très heureuses, y compris ma mère, qui aimait à répéter « Enfin un homme dans la maison ! »

Au fil des jours, Jakob et moi sommes devenus de plus en plus proches et nous nous sommes mariés en 1947. Nous avons eu deux fils et moi je suis restée à la maison pour les élever.

Notre maison a toujours été ouverte et nous recevions de nombreuses visites. Souvent je suis allée en Alsace avec une amie qui avait épousé un Français. J'aimais les poteries de Soufflenheim, ainsi que les mets que l'on nous servait dans les bistrots des villages alsaciens. Cette amie était en relation avec des militaires français, de sorte que nous avions très souvent la visite de pilotes de planeurs français et je leur confectionnais des petits plats. Nous nous faisions comprendre comme nous pouvions et avons passé ensemble des soirées très gaies.

hilft und nur unzufrieden macht. Ich musste das Leben so nehmen, wie es war, und das Beste daraus machen. Viele schwierige Situationen haben auch etwas Gutes, wenn man gewillt ist, danach zu suchen. Ein Philosoph hat einmal gesagt: „Was Du selbst tun kannst, sollst Du nicht Gott überlassen." Dieser Satz hat mich schon sehr früh beeindruckt und geprägt.

Die 88-jährige Ulla zu Besuch bei Freunden, 2013.

Ulla âgée de 88 ans en visite chez des amis en 2013.

Ob ich heute etwas anders machen würde, darüber habe ich mir nie Gedanken gemacht, denn davon habe ich nichts. Ich will mich nicht ärgern über Dinge, die nicht zu ändern sind. Das würde nur meine Nerven belasten und kostbare Zeit vergeuden.

Hoffentlich bleibe ich noch eine Weile gesund. Ich bin froh, dass ich noch so unterwegs sein und Dinge tun kann, die mir Freude machen. Man soll im Alter nicht unbedingt haben wollen, was man sein Leben lang nicht gehabt hat. Ich bin jetzt 91 Jahre alt und freue mich darüber, dass ich jedes Jahr eine kleine Reise nach Müllheim (bei Freiburg) machen kann. Dort lebt eine Freundin, die sich sehr darüber freut, wenn ich sie besuche.

Folgendes würde ich künftigen Generationen gerne weitergeben:
Sie sollen zufrieden sein und Hoffnung haben.
Sie sollen den anderen, auch den Gegner, akzeptieren und respektieren.

Tout comme chez nous, il y avait en Alsace des gens gentils et enjoués, mais aussi des grognons et des revêches. Nous leur parlions en allemand s'ils le comprenaient, sinon il restait la langue des signes.

Mon mari est décédé en 1976 et comme mes fils avaient depuis longtemps quitté la maison, je commençais à me sentir bien seule et me mis à paniquer. C'est ainsi que je suis venue à m'occuper de deux fillettes dont la mère travaillait. Je les gardais pendant la journée, jouant et bricolant avec elles ; je surveillais aussi leurs devoirs et faisais la cuisine pour tout le monde. Encore aujourd'hui je reste très liée à cette famille.

Dans ma vie, il y a eu des hauts et des bas, des joies et des peines à différents moments de mon existence. J'ai appris relativement vite que les plaintes et les larmes ne servaient à rien et ne vous apportaient que de l'insatisfaction. Il fallait que je prenne la vie comme elle était et que je m'en accommode du mieux que je pouvais. Souvent les situations difficiles ont du bon, si on prend la peine d'en voir le côté positif. C'est un philosophe qui a dit : « Ce que tu peux faire toi-même, ne laisse pas Dieu le faire. » Ces paroles m'avaient impressionnée et marquée très jeune.

Je n'ai jamais réfléchi au fait que j'aurais pu agir différemment, cela ne m'apporte rien. Je ne veux pas me laisser contrarier par des faits qu'on ne peut pas changer. Cela ne ferait que peser sur moi et me faire perdre un temps précieux.

J'espère rester encore quelque temps en bonne santé et suis contente de pouvoir encore bouger et faire certaines choses qui me procurent du plaisir. Lorsque l'on est vieux, il ne faut pas absolument vouloir ce que la vie ne vous a pas donné. A présent j'ai 91 ans et suis heureuse de pouvoir faire chaque année un petit voyage à Müllheim prés de Fribourg en Brisgau. C'est là qu'habite une amie qui se réjouit toujours lorsque je lui rends visite.

Voilà ce que je voudrais dire aux générations futures :
ne soyez pas insatisfaits, mais gardez l'espoir – acceptez et respectez l'autre, même si c'est votre adversaire.

LEBENSKUNST

Christiane, geboren 1924 in Karlsruhe
Text von Brigitte Eberhard

„In Dur und Moll"

Was schenkt man einer Jahrhundertfrau, die schon alles hat? Einer, für die laut eigener Aussage kein Geschenk das Geschenk ist? Ich, liebe Christiane, gebe dir hier schwarz auf weiß, was in deinem Gesicht geschrieben steht, die Geschichte deiner Lebenskunst:

Wer bringt Nachgeborenen Geschichte näher als Zeitzeugen? Sie waren mittendrin, haben erlebt, was Jüngere nur aus zweiter Hand wissen, aus Büchern, der Schule oder vom Hörensagen. Zeitzeugen können Geschichtsbücher ergänzen oder in Frage stellen.

Anfangs sind ihre Nachfahren jung, so jung, dass für sie die eigene Geschichte mehr zählt als Weltgeschichte. Später, rückblickend, ist das lange kurze Leben schon durch die Jahre geeilt, allzeit ausgefüllt, überfüllt mit Beziehung, Beruf und Familie. Und über dem Verschieben auf „Später einmal …" wird die lange Bank kurz und kürzer, und die Reihen lichten sich, insbesondere jener, die noch hätten sagen können, wie es war – damals…

Ich habe Glück, darf dich besuchen und dir Fragen stellen. Pünktlich stehe ich vor der Haustür und drücke auf die Klingel… Christiane Voigt heißt mich willkommen. Vor mir steht ein Leichtgewicht mit Ausstrahlung. Die schwache starke Frau hat sich offensichtlich DEN Reichtum bewahrt, der Inflation und Krieg überdauert. Ihre Wohnung ist hell, hell wie ihre Bewohnerin, aufgeräumt, lebendig.

> *Die einen warten auf Wind, die andern nehmen das Ruder selbst in die Hand… Christiane als junge Frau im Ruderboot, zwischen den beiden Rheinseiten, ca. 1941.*
>
> *Les uns attendent le vent, d'autres saisissent elles-mêmes l'aviron…Christiane, jeune femme dans la barque, entre les deux rives du Rhin, vers 1941.*

L'ART DE VIVRE

Christiane, née en 1924 à Karlsruhe
Texte traduit par Annick Médard

« La vie – une partition avec ses joies et ses peines »

Que peut-on offrir à une nonagénaire qui a tout ce qu'il faut ? Certainement pas un cadeau comme on a l'habitude d'en faire. Moi, ma chère Christiane, je t'offre ce qui est écrit sur ton visage, à savoir ton art de vivre.

Le témoin n'est-il pas celui qui peut le mieux transmettre l'Histoire aux générations qui suivent ? Lui qui était en plein dedans, lui qui a vécu ce que les plus jeunes n'ont appris que par des tiers, par des livres, par l'école, par le bouche à oreille. Les témoins sont en mesure de compléter les livres d'histoire ou de les remettre en question.

Au début leurs descendants sont jeunes, si jeunes que pour eux c'est leur histoire personnelle qui compte, bien plus que l'Histoire du monde. Plus tard cependant, lorsque l'on regarde en arrière, cette longue et en même temps courte vie a passé trop vite au fil des années, toujours remplie par les relations sociales, le travail et la famille. On ne cesse de « repousser » – oui peut-être un jour, plus tard…mais voilà le temps se rétrécit et soudain les rangs sont clairsemés; celui qui aurait su nous dire, nous raconter comment tout s'était passé à l'époque, précisément celui-là n'est plus parmi nous pour témoigner…

J'ai de la chance, j'ai le droit de te rendre visite et de te poser des questions ! Je suis à l'heure devant ta porte et je sonne…Christiane Voigt me souhaite la bienvenue. J'ai devant moi une personne menue et rayonnante. Cette faible femme forte a su visiblement préserver sa richesse

Begegnet sind wir einander oft, auch bei Vernissagen und Konzerten der GEDOK (bundesweiter Künstlerinnenverband), zu der wir beide gehören. Was uns verbindet, ist Kunst, Lebenskunst auch, wie sie die alten Griechen empfehlen: *Versuche nicht zu bewirken, dass die Dinge so eintreten, wie du sie willst, sondern wolle sie so, wie sie eintreten.* So, scheint mir, ist Christiane hineingereift in die Spätzeit ihres Lebens – gelassen, mit stets kritischem Geist und einer befriedeten Seele. Ihre Augen sind lebhaft und blau – blauäugig ist sie nicht – aber im EINKLANG mit sich, bedingt im Gleichklang mit dieser Zeit, ganz und gar nicht mit dem Erbe von zwei elenden Kriegen und erst recht nicht mit unserem nach wie vor weltweit zerbrechlichen Frieden. Hadert sie mit verlorenen Lebensträumen – mit streitbaren Geistern oder anderen Stolperstellen ihres langen Lebens? Dass alles ausgestanden ist, überstanden, versöhnt, macht Menschen wie Christiane dankbar und zufrieden, offen für die Schönheit der Natur und das, was das Leben liefert, mit oder ohne Bestellung.

Gemeinsame Interessen wachsen aus Seelenverwandtschaft. Christiane liebt die Klangwelt der Musik, ich liebe die Melodie der Worte. Im Heim der Musikerin sehe ich keine Notenschlüssel, dafür Lebensschlüssel: *Im Hertzen still und ganz gelassen seyn*, lese ich im Flur, schwarz auf weiß, schon leicht vergilbt – vermutlich eine zeitlos aktuelle „Baustelle"?

In der guten Stube gibt das Klavier den Ton an. Hier darf ich fragen, Christiane antwortet:

Ich wurde am 22. Juli 1924 geboren. Geschwister habe ich nicht. Leider! Meine Mutter, Margarete, 1887 geboren, war, und das wissen nicht nur Karlsruher, eine starke Frau mit Talent und Ausstrahlung. Kunst und Familie waren ihr Leben – in dieser Reihenfolge. Hier wie dort hatte sie die Fäden in der Hand. Hermann, ihr Mann und mein Vater, 1896 geboren, war Bankangestellter und gewissermaßen ihr Gegenstück. Vor der Hochzeit soll meine Mutter zu ihrer Mutter gesagt haben: „Wenn's Hermännle doch älter wäre…". Ein jüngerer Mann passte damals nicht ins Bild. Doch während der harmonischen Ehe meiner Eltern war das Thema bald keins mehr.

Disziplin und Gehorsam waren in jener Zeit oberstes Gebot, auch bei uns. Den Wert dieser Lebenshilfe habe ich erst begriffen, als mir die anfängliche Zwangsjacke zur Stütze geworden war. Heute hält sie mich mehr denn je zusammen und gibt jedem Tag Struktur. Wieviel Zeit hätte ich sonst vertan!

en survivant à l'inflation et à la guerre. Son appartement est lumineux comme elle et parfaitement rangé. Il vit.

Nous nous sommes souvent rencontrées, entre autres à des vernissages ou à des concerts de la GEDOK (association nationale de femmes artistes) dont nous faisons partie toutes les deux. Ce qui nous rapproche c'est l'art, l'art de vivre aussi, comme nous le recommandent les Grecs de l'antiquité : *n'essaie pas de faire en sorte que les choses se passent comme tu le voudrais, mais accepte-les comme elles viennent.* C'est ainsi que Christiane a traversé son temps. Impassible mais toujours l'esprit critique et l'âme en paix. Son regard est vif et ses yeux sont bleus. Elle n'est pas naïve, mais en accord avec elle-même, elle n'est que partiellement d'accord avec son temps, pas du tout avec l'héritage de ces deux malheureuses guerres et encore moins avec la paix si fragile de notre monde. S'en prend-elle à des rêves perdus, à des esprits malins ou autres embûches qui ont jalonné sa longue vie ? Que tout ait été supporté, dépassé, pardonné rend les personnes comme Christiane reconnaissantes et satisfaites, ouvertes à la beauté de la nature, confiante dans ce que la vie lui offre, l'ayant demandé ou non…

Les intérêts communs croissent parmi les âmes de même nature. Christiane aime les harmonies de la musique, moi celles des mots. Pourtant dans la maison de la musicienne je ne vois pas de clés musicales, mais une clé qui ouvre les portes de la vie : *que ton cœur dégage le calme et la sérénité*, voilà ce que je peux lire dans l'entrée en guise de bienvenue. C'est écrit noir sur blanc et le papier est légèrement jauni, serait-ce le panneau intemporel d'un « chantier » actuel ?

Dans le salon où le piano donne le ton, j'interroge Christiane et elle me répond :

Je suis née le 22/07/1924. Des frères et sœurs je n'en ai pas. Hélas ! Ma mère, Margarete, née en 1887, était une forte femme, talentueuse et rayonnante. Cela on le savait au-delà des portes de Karlsruhe. L'art et la famille c'était sa vie, dans cet ordre-là. Dans les deux cas c'était elle qui tirait les ficelles. Hermann, son mari et mon père, né en 1896, était employé de banque et en quelque sorte son contraire. Avant son mariage maman aurait dit à sa mère : « si seulement mon Hermann était un peu plus âgé… » Un mari plus jeune, cela n'était pas dans la norme à cette époque. Mais très vite ce sujet n'était plus d'actualité au sein du couple harmonieux que formaient mes parents.

La discipline et l'obéissance étaient alors de mise, dans notre famille également. La valeur de cette leçon de vie, je ne l'ai comprise que lorsque cette camisole de force était devenue un étai pour moi. Encore aujourd'hui il me soutient et structure mon quotidien. Que n'aurais-je perdu de temps sans lui !

Es gibt Fragen, denen würde eine Antwort die Zukunft verbauen…

Christiane lächelt: Soweit möglich, ist für meine Zukunft alles geregelt – auch der Anzeigentext: „Ein dankbar angenommenes, glückliches Leben ist zu Ende", wird da stehen – schwarz auf weiß.

Wie war das, als du Kind warst?

Meine Kindheit? Die war unbeschwert. Ich hatte glückliche Kinderjahre. Mir ging's gut. Das Ungute wurde hingenommen. Zweifel waren unerwünscht! Wie ungut die Lage damals tatsächlich war, begriff ich erst viel später, rückblickend. Von „Politik" bekam ich wenig mit. Sie interessiert mich bis heute nicht. Und damals war ich fast noch ein Kind, heute weiß ich: Es kommt, wie es kommt in meiner kleinen Welt. In der großen bin ich immer klargekommen, sogar im Krieg. Als er ausbrach, war ich 15. Die Welt verbessern wollte ich nie, geschweige denn, etwas „Besonderes" sein. Wäre mir, ehrlich gesagt, zu anstrengend gewesen. Ich wollte nie hoch hinaus, habe mich lieber in der Mitte eingerichtet, war damit zufrieden, bin es bis heute. Alter bringt ja nicht nur Verluste. Ist es nicht ein Geschenk, so lange hier zu sein? Dabei gilt es, auf dem Boden der Tatsachen zu bleiben und seinen Humor nie zu verlieren. Humor macht nichts besser, aber erträglicher.

Mit einem verschmitzten Seitenblick fährt Christiane fort: Für damalige Verhältnisse liberal erzogen, musste ich mich dennoch an häusliche Spielregeln halten und zwar strikt! Wehe, wenn nicht…! Darüber kam es im Flegelalter oft zu Reibereien zwischen meinem Vater und mir, vor allem, wenn der sonst Zurückhaltende streng „Beherrschung…!!" forderte, die bei mir einfach nicht lieferbar war. Warum sollte ich das Leben ernst nehmen, tiefernst – wie er? Für mich war es ein Spiel. Hatte ihm das Leben zu viel Beherrschung abverlangt, und nun war ich sein Blitzableiter? Ich frage mich heute oft, was Kinder damals überhaupt von ihren Eltern wussten. Sie hielten sich bedeckt – in jeder Situation. Gefühle? Die hatte man, sprach aber nicht darüber, ebenso wenig über Geld. Heute wird viel geredet, und dabei manches zerredet.

Mit meiner Mutter gab es kaum Spannungen. Sie besaß die Autorität, die sich nicht erklären muss. Kinder haben dafür ein Gespür. Hauptthemen bei uns daheim waren Schule und Beruf. Musiklehrerin wollte ich werden, Schulmusikerin, wie es damals hieß. Meine Eltern unterstützten den Plan. Doch es kam anders, leider. Der Krieg machte mir einen Strich durch die Rechnung.

Il y a des questions, où la réponse obstrue l'avenir, non ?

Christiane sourit. Dans la mesure du possible, mon avenir est réglé, même mon annonce mortuaire : « une vie heureuse, acceptée avec reconnaissance, s'est arrêtée ». Voilà ce que l'on pourra lire – noir sur blanc.

C'était comment lorsque tu étais enfant ?

Mon enfance ? Elle a été insouciante. Enfant, j'ai eu des années heureuses. J'ai eu de la chance mais j'acceptais aussi ce qui était moins bien. Le doute n'avait pas sa place ! Combien la situation était au fond déplaisante, je ne le compris que bien plus tard en regardant mon passé. En ce qui concerne la « politique », j'étais peu au fait des choses. Encore aujourd'hui elle ne m'intéresse pas. Et à l'époque j'étais encore presque une enfant, aujourd'hui je sais que tout vient en son temps. J'ai toujours été à l'aise dans mon univers à moi qui faisait aussi partie du monde, même pendant la guerre. Lorsqu'elle fut déclarée j'avais 15 ans. Je n'ai jamais voulu rendre le monde meilleur, qui plus est, être quelqu'un de « spécial ». Honnêtement cela aurait été trop exigeant pour moi, d'être plus au devant de la scène. Je me suis contentée d'être au milieu et m'en suis satisfaite. Je le suis encore maintenant. L'âge n'apporte pas que des pertes. N'est-ce pas un cadeau que d'être encore là ? Il est important de rester lucide et de garder toujours son humour.

Après un clin d'œil malicieux, Christiane poursuivit : J'ai été élevée dans un milieu libéral pour l'époque. A la maison cependant il fallait que je me plie à une règle de jeu très stricte, sinon gare ! Pendant mon adolescence j'avais souvent des frictions avec mon père, qui, bien que réservé, exigeait de moi plus de « maîtrise de soi » dont je manquais cruellement. Pourquoi devais-je prendre la vie au sérieux, tellement au sérieux comme lui ? Pour moi elle restait un jeu. La vie lui avait-elle donc réclamé tant de maîtrise de soi et moi j'étais à présent son paratonnerre ? Je me demande encore aujourd'hui, ce que les enfants de l'époque savaient au fond de leurs parents ? Ils étaient en retrait dans toute circonstance. Des sentiments ? On en avait à l'évidence, mais on n'en parlait pas, tout comme on ne parlait pas d'argent. Aujourd'hui on parle de tout, on parle beaucoup trop, parfois de manière destructrice.

Avec ma mère il n'y avait guère de tensions. Elle possédait cette autorité qu'on ne discute pas. Les enfants sentent cela. A la maison les deux sujets qui prévalaient, c'était l'école et le métier. Moi je voulais devenir professeur de musique et mes parents soutenaient ce projet. Mais tout vint différemment. Malheureusement la guerre

Ich musste mein Studium unterbrechen, und am Ende ging es in eine andere Richtung als erhofft. Inzwischen ist die „Kriegsverletzung" verheilt, aber ich spüre sie noch. Bin dann eben keine festangestellte Schulmusikerin geworden mit Pensionsanspruch, sondern eine freiberufliche Klavierlehrerin ohne. Trotzdem hat mir meine Arbeit viel Freude gemacht.

Die große Liebe? Ehe? Kinder?

Warum ich nicht geheiratet habe? Es hat sich einfach nicht ergeben. Unglücklich war ich deshalb nicht. Hatte ja, was ich immer wollte: ein selbstbestimmtes Leben, und das bis heute. An die ganz große Liebe habe ich sowieso nie geglaubt. Ja, es gab mal „einen", der gefiel mir schon. Ihn hat der Krieg behalten, wie viele, schrecklich viele. Das war schlimm. Nur das gemeinsame Schicksal war uns ein bescheidener Trost.

Wie bist du zurechtgekommen als Solistin?

Hatte kein Problem damit. Selbst ist die Frau! Und es gab auch keine Konflikte mit dem Privatleben. Der Beruf war doch mein Privatleben!

Der Erste Weltkrieg und die Zeit danach – wie sind deine Eltern zurecht gekommen?

Hatten sie eine Wahl? Sie haben sich arrangiert, wie die meisten. Mein Vater war nicht eingezogen worden, vermutlich wegen seiner „zarten" Statur. Und während der Inflation lebten wir vom Geigenunterricht meiner Mutter. Für eine Stunde bekam sie gerade genug für ein Brot, wenn sie es gleich kaufte. Am nächsten Tag wäre das Geld Spielgeld gewesen.

Mein Blick fällt auf einen weiteren Lebensschlüssel an der Schranktür: *„Immer tief durchatmen...!"*

Tief durchatmen – das machen wir in der Küche. Aschenbecher und Zigarettenspitze? DAS hatte ich HIER nicht erwartet. Christiane lächelt. Ich krame in meiner Tasche. Einträchtig setzen wir Rauchzeichen (geteiltes Laster halbiert das schlechte Gewissen)…

contrecarra mes plans. J'ai dû interrompre mes études et prendre une tout autre direction. Voilà ma « blessure de guerre ». Depuis elle est guérie mais je la sens toujours. Je n'ai donc pas fait la carrière d'un professeur de musique, fonctionnaire à vie avec rente assurée, mais celle d'un professeur de piano sans avantages parce que c'était une profession libérale. Malgré cela mon travail m'a procuré de nombreuses joies.

Le grand amour ? Mariage ? Enfants ?

Pourquoi je ne me suis jamais mariée ? Cela ne s'est pas trouvé, c'est aussi simple que ça. Mais cela ne m'a pas rendu malheureuse. Je possédais ce qui de tout temps était mon désir le plus cher, c'est-à-dire disposer librement de ma vie, jusqu'à ce jour. D'ailleurs je n'ai jamais cru au grand amour. C'est vrai que j'avais connu « quelqu'un » qui ne me déplaisait pas. La guerre l'a gardé, comme beaucoup d'autres, beaucoup trop. C'était terrible. Seul un destin commun était pour nous une consolation.

Comment as-tu vécu tes prestations comme soliste ?

Sans problèmes. La femme ne compte que sur elle-même. Il n'y avait pas de conflits dans ma vie privée puisque mon métier était ma vie privée.

La Première Guerre mondiale et les années qui ont suivi, comment tes parents les ont-ils gérées ?

Avaient-ils le choix ? Ils s'en sont accommodés, comme la plupart des gens. Mon père n'avait pas été incorporé, sans doute en raison de sa « frêle » constitution. Et lors de l'inflation nous avons vécu grâce aux leçons de violon de ma mère. Le prix d'une leçon suffisait tout juste pour acheter un pain, à condition de l'acheter tout de suite, car le lendemain l'argent était changé en monnaie de singe.

Mon regard est attiré par une autre maxime sur la porte de l'armoire : « *Respirer toujours à fond* ».

C'est ce que nous faisons dans la cuisine. Cendrier et mégots ? Jamais je n'aurais cru cela dans cette maison. Christiane sourit. Je fouille dans mon sac. Nous fumons en bonne intelligence. (Un vice partagé minimise la mauvaise conscience….)

Wie hat man sich damals durchgeschlagen?

Nach dem Studium am Badischen Konservatorium trat meine Mutter als Geigerin auf, häufig als Solistin bei Hauskonzerten. Daneben schrieb sie Kritiken für die Zeitung und gab Musikunterricht, genau wie später ich. Während sie sich einen Namen machte, insbesondere auch als Komponistin, blieb mein Vater im Hintergrund. Keine übliche Rollenverteilung, damals. Doch meine Eltern waren zufrieden – was heißt schon glücklich.

Und was wurde aus dir als Mädchen und „Backfisch"?

In der Sexta mussten wir zu den Jungmädels der Hitlerjugend, mit 14 gehörten wir zu den BDM-Mädels (Bund deutscher Mädel), ausnahmslos. In jener Zeit wohnten wir in der Innenstadt von Karlsruhe. Im ehemaligen Karstadt-Gebäude befindet sich heute ein Handy-Laden. Zu meiner Zeit war unten das Juwelier-Geschäft der Tante, oben wohnten wir. Besucher kamen selten. Wichtig waren mir ohnedies nur die Großeltern väterlicherseits, und der ältere Bruder meines Vaters, ein erfolgreicher Konzertmeister am hiesigen Theater. In dessen Schatten fühlte sich mein Vater lebenslang. Großeltern und Onkel sah ich häufig. Sie waren meine Lieblingsmenschen, wobei dem „berühmten" Onkel meine besondere Bewunderung galt. Er hatte schon ein Auto. Darin kutschierte er mich durch die Gegend, was ich natürlich genoss – zumal andere davon nur träumen konnten.

Gern erinnere ich mich auch an sonntägliche „Autotouren" mit einer befreundeten Familie, die am Rheinhafen nicht nur eine Verzinkerei besaß, sondern auch ein nobles Auto, einen Pontiac! Kaum saß ich drin, war ich selig. Zur Krönung gab es abends bei uns Rührei, Tomatensalat und Kakao…, himmlisch! Und dann die Einladungen bei den Eltern meiner Freundin Uschi! Sie war die Tochter von Wilhelm Nentwig, dem bekannten Tenor des Karlsruher Theaters. Mit seiner lustigen Frau wurde jeder Tag zum Kinderfest. Noch heute denke ich dankbar an diese Wohlfühlfamilie.

Aber dann, mit knapp sieben: die „Ohrmeißelung". Eine echte Tortur! Ohrmeißelung?? Christiane klärt mich auf: Sie war ein lebensrettender Eingriff bei hartnäckiger Mittelohrentzündung. Penicillin gab es ja noch nicht, und eine vereiterte Mittelohr-Entzündung war eine üble Sache. Ein Vierteljahr ruhte bei mir der Schulbetrieb. Danach war ich wieder hergestellt, dank des damaligen Chefarztes des Alten Vincentius-Krankenhauses. Ihm, dem „Retter in Weiß", gehörte fortan meine Verehrung, die sich überschwänglich

Comment s'est-on débrouillé à l'époque ?

Après ses études au conservatoire de Bade, ma mère joua souvent comme soliste dans des concerts privés. En outre elle était critique musicale du journal et donnait des leçons particulières comme moi plus tard. Alors qu'elle était de plus en plus connue, surtout en tant que compositrice, mon père restait au second plan. Ce qui à l'époque n'était pas un partage des rôles habituel. Cependant mes parents s'en satisfaisaient – le bonheur – un grand mot, non ?

Comment as-tu vécu ton adolescence ?

En sixième nous devions faire partie des jeunes de la « Hitlerjugend » (Jeunesses hitleriennes) et à 14 ans de la BDM, (Bund deutscher Mädel – mouvement des jeunes filles allemandes), toutes sans exception.

En ce temps là nous habitions au centre de Karlsruhe. Dans l'ancien immeuble de Karstadt où se trouve à présent une boutique de téléphones portables. A mon époque il y avait en bas la bijouterie de ma tante et nous habitions au-dessus. Nous avions peu de visites. Du reste pour moi ce qui importait c'était mes grands-parents paternels et le frère aîné de mon père, un chef d'orchestre connu du théâtre de Karlsruhe. Pendant toute sa vie mon père fut dans son ombre. Je voyais souvent mes grands-parents et mon oncle. Je les adorais, surtout mon oncle « célèbre » que j'admirais. Il possédait déjà à cette époque une voiture et m'emmenait en promenade, ce que j'appréciais à l'évidence, alors que d'autres ne pouvaient qu'en rêver.

J'aime me souvenir de balades dominicales en auto avec une famille, qui non seulement possédait au port du Rhin une zinguerie, mais aussi une voiture magnifique, une Pontiac ! Que j'étais heureuse lorsque j'étais assise dedans. Pour couronner le tout, le soir chez nous, il y avait au menu des œufs brouillés, de la salade de tomates et du cacao …Divin ! Et puis il y avait les invitations chez les parents de ma copine Uschi. Elle était la fille de Wilhelm Nentwig, le célèbre ténor du théâtre de Karlsruhe. Avec sa femme, tous les jours étaient des fêtes pour nous les enfants. Encore aujourd'hui je pense souvent avec une grande reconnaissance à cette charmante famille.

Un douloureux épisode fut pour moi une intervention à l'oreille. Une véritable torture. J'avais tout juste sept ans. Christiane m'explique que c'était une opération pratiquée en cas d'otites à répétition. La pénicilline n'existait pas encore et une infection purulente de l'oreille moyenne était considérée comme grave. Pendant trois mois je n'étais pas allée à l'école. Mais après cela je fus gué-

steigerte, als er mir zum Abschied ein Bild schenkte, seins, im Passepartout, mit Rahmen und persönlicher Widmung. Ich platze vor Stolz, versöhnt mit der langen Krankheit.

Und dann kam alles anders als geplant

1925 hatte mein Vater seine Arbeit in der Bank aufgegeben, um das Juweliergeschäft der Tante zu übernehmen. Dort blühte er auf, war mit Leib und Seele dabei und sehr beliebt bei seinen Kunden. Als der Laden 1943 kriegsbedingt geschlossen werden musste, brach für ihn die Welt zusammen. Nicht mehr unabkömmlich gestellt, wurde mein Vater kurz darauf eingezogen. 48-jährig starb er 1943 im Bruchsaler Lazarett.

Jetzt brach auch für uns die Welt zusammen, und wir waren fortan ganz auf uns gestellt, meine Mutter und ich – wie damals viele Frauen, vertrieben oder ausgebombt, verwitwet oder auf ihre vermissten Männer und Söhne wartend. Trotz der Verluste, oder gerade deshalb, haben die meisten nach und nach an Stärke gewonnen. Es war die Stunde der Frauen – aus heutiger Sicht.

Ich ging damals ins Fichte-Gymnasium, war eine mittelprächtige Schülerin, aber unter uns: in Mathe eine Null. Wesentlich besser lag mir das Parodieren unserer Lehrer, zur Freude meiner Klassenkameraden. 1943 hatte ich das Abitur in der Tasche: Jetzt würde ich Musik studieren.

Stattdessen: Arbeitsdienst. Er war besser als befürchtet: Im Süd-Elsass, in Niederburnhaupt, südwestlich der Ortschaft von Ammerzweiler – und in der Nähe von Sennheim an der elsässischen Weinstraße (heute erinnern Denkmäler an die Gefallenen der beiden Weltkriege), erlebte ich, das Einzelkind, im Kreis von Gleichaltrigen unvergesslich schöne Monate – mitten im Krieg. Es ist schwer, Glück im Unglück verständlich zu machen. In den 13 Monaten im Elsass entstanden Freundschaften von Bestand. Lebenslang gingen Briefe und Besuche hin und her. Von kriegerischer Feindschaft spürte ich nichts. Inzwischen sind die meisten meiner treuen Wegbegleiter gestorben. Lebendig geblieben ist meine dankbare Erinnerung an menschliche Menschen. Inzwischen gehöre ich ja fast schon zu den Zurückgebliebenen, und meine jetzigen Freunde sind meist jünger als ich.

rie, grâce au médecin chef de la clinique Vincentius. Je lui vouais une profonde vénération, à lui « le sauveur en blanc », qui trouva son apogée, lorsqu'il m'offrit son portrait dédicacé, encadré, en guise d'adieu. Ma fierté était à son comble et ma longue maladie oubliée.

Et puis tout se passa différemment

En 1925, mon père quitta son travail à la banque pour reprendre la bijouterie de ma tante. Il s'y épanouit, y mit tout son cœur et toute son âme, de sorte qu'il était très apprécié par ses clients. Lorsqu'en 1943 le magasin dut fermer en raison de la guerre, le monde s'écroula pour mon père. Il ne fut plus considéré comme indispensable, mais incorporé peu de temps après et mourut en 1943 à l'âge de 48 ans à l'hôpital militaire de Bruchsal.

Pour nous aussi le monde s'effondra ; à présent tout reposait sur nous, ma mère et moi, comme c'était le cas de nombreuses femmes, déplacées ou dont les maisons avaient été détruites, veuves ou bien qui attendaient leurs maris ou leurs fils disparus. Malgré leurs pertes ou peut-être à cause d'elles, la plupart d'entre elles ont peu à peu gagné en énergie. Ce fut l'heure des femmes, dirait-on aujourd'hui.

J'allais à l'époque au lycée Fichte. J'étais une élève moyenne et, entre nous, nulle en maths. J'étais largement meilleure dans l'imitation de nos profs. Cela amusait beaucoup mes camarades de classe. Je passai le bac en 1943. J'allais donc enfin pouvoir étudier la musique…

Mais au lieu de cela : le travail obligatoire (Arbeitsdienst). Il se déroula mieux que je ne l'avais craint, puisque c'était dans le Sud de l'Alsace, à Burnhaupt le Bas, au Sud Ouest d'Ammerschwir près de Sennheim, sur la route des vins d'Alsace (aujourd'hui on y trouve des monuments rappelant les soldats tombés pendant les deux guerres mondiales). J'ai vécu, moi l'enfant unique, avec des camarades de mon âge, des mois merveilleux et inoubliables, et cela en pleine guerre. Il est difficile de trouver des mots pour décrire le bonheur dans le malheur. Pendant les 13 mois passés en Alsace de fortes amitiés se nouèrent. Ma vie durant des lettres et des visites furent échangées. Je n'ai ressenti aucune inimitié liée à la guerre. A présent mes fidèles compagnes de route sont décédées. Le souvenir de personnes profondément humaines est resté vivant en moi. J'appartiens désormais à ceux qui sont restés. Mes amis d'aujourd'hui sont en général plus jeunes que moi.

Was verbindet dich heute mit unserem Nachbarland auf der anderen Rheinseite?

Nach wie vor viel, insbesondere auch, weil ich beim Arbeitseinsatz im Oberelsass im Lager Thann (heute eine kleine französische Stadt in der Region Elsass), eine so glückliche Zeit hatte. Ich war mehreren Bauersfamilien zugeteilt. Auch ihnen blieb ich lebenslang verbunden, über alle Grenzen hinweg. Von „feindlich" keine Spur.

Ich hatte von den Elsässern, die wieder Franzosen geworden waren, den besten Eindruck. Solche und andere gibt's hüben und drüben. Sprachprobleme gibt es ja kaum. Die Elsässer können ja recht gut deutsch. Schade, dass ich meine Fremdsprachenkenntnisse nicht gepflegt habe. Dass sich das bei der späteren Generation geändert hat, ist vielleicht das Beste an der Globalisierung. Der Austausch zwischen Menschen über Grenzen hinweg ist die sicherste Vorsorge gegen Krieg.

Wo hast du mit deinen Eltern gewohnt, damals?

1938 sind wir umgezogen. Mein Vater hatte in Karlsruhe ein schönes Haus „günstig" gekauft von einem Juden, der nach dem Novemberpogrom das Land verlassen musste. Über das Woher wurde geschwiegen, ebenso über jene, die bei Nacht und Nebel verschwanden. Schreckensmeldungen gab es nur hinter vorgehaltener Hand, übertönt von Propaganda. Der nahe Endsieg duldete keinen Zweifel. Auch wir beugten uns dem Gebot der Stunde. Außerdem hatten wir genug zu tun mit Beschaffung und Versorgung. Es galt ja, jeden neuen Tag zu überstehen. Als behütetes Kind unpolitischer Eltern habe ich mir, ehrlich gesagt, wenig Gedanken gemacht über das Schicksal anderer, erst recht nicht über Recht und Unrecht. Als mich 1938 die Geräusche der Verwüstung in der sogenannten Kristallnacht aus dem Schlaf rissen, zog mich mein Vater vom Fenster weg mit dem Satz: „Da schaut man nicht hin!!" Also schaute ich nicht hin. Damals aber, als Hitler 1934 umjubelt durch Karlsruhe fuhr, sagte mein Vater sarkastisch: „Dem schaut der Dämon aus den Augen". „Dämon?" Erst Jahre danach verstand ich.

Vom Schicksal der Karlsruher, die „abgeholt" wurden – an manche erinnern ja heute „Stolpersteine"* – bekam ich nichts mit. Ja, Zivilcourage in der Demokratie ist mutig. Zivilcourage in der Diktatur ist todesmutig. Helden waren

---

* Messingtafeln in der Größe eines Pflastersteins, die auf dem Bürgersteig an der Stelle angebracht sind, wo Opfer der Naziverbrechen gelebt hatten. – Nach dem Bildhauer Gunter Demnig.

Qu'est-ce qui te lie aujourd'hui à notre voisin de l'autre côté du Rhin ?

Beaucoup, vraiment, surtout parce que lors de mon affectation dans le Haut-Rhin, à Thann (aujourd'hui une petite ville française de la Région Alsace) j'ai vécu des moments heureux. On m'a envoyé dans plusieurs familles de paysans et je leur suis toujours restée attachée, au-delà des frontières. Des ennemis ? Pas le moins du monde.

Les Alsaciens, qui étaient redevenus français, me faisaient très bonne impression. Mais il y a de tout pour faire un monde, des deux côtés de la frontière. Les problèmes de langue n'existent presque pas. Les Alsaciens parlent plutôt bien l'allemand. Dommage que je n'aie pu approfondir mes connaissances en langues étrangères. Ce qui a changé avec la génération suivante et qui semble être la meilleure chose que nous offre la globalisation. Le dialogue entre les hommes au-delà des frontières est la meilleure prévention contre la guerre.

Où habitais-tu alors avec tes parents ?

En 1938 nous avons déménagé. A Karlsruhe mon père avait acheté « avantageusement » cette belle maison à un Juif, qui avait dû quitter le pays après le pogrom du mois de novembre. Sur ce qui s'était passé auparavant, on ne parlait pas, ni de ceux qui disparaissaient la nuit dans le brouillard. Des annonces terrifiantes, on ne les apprenait qu'en catimini, noyées dans la propagande. La victoire imminente ne supportait aucun doute. Nous aussi nous vivions au jour le jour. D'ailleurs nous étions suffisamment préoccupés par le ravitaillement et la pénurie matérielle. Il fallait survivre jour après jour. En tant qu'enfant choyée par des parents non politisés, je dois dire que je ne me souciais guère du destin des autres, encore moins de la justice et de l'injustice. Lorsqu'en 1938 le bruit qu'occasionnait « la Nuit de Cristal » me réveilla, mon père me retira de la fenêtre. Devinant mon interrogation, il dit très vite « ce n'est pas un spectacle ». Je n'ai donc pas regardé. Cependant, lorsqu'en 1934 Hitler traversa Karlsruhe sous les acclamations de la foule, mon père sarcastique, ne put s'empêcher de s'exclamer : « ce type a quelque chose de démoniaque dans le regard »… Le démon ? Des années plus tard je compris enfin.

Du destin des habitants de Karlsruhe qui ont été « cueillis » (des pierres commémoratives en témoignent encore aujourd'hui *), j'ignorais tout. En

---

* Des plaques insérées dans le trottoir, à l'endroit où avaient habité les victimes du nazisme, sont l'œuvre du sculpteur allemand Gunter Demnig

meine Eltern nicht. Sie lebten in ihrer Welt in der Welt. Ist scheinbare Ignoranz nicht oft nur der Deckmantel für menschliche Hilflosigkeit? Was wir nicht sehen oder hören, weckt keine Zweifel. Es findet einfach nicht statt.

Und so bin ich unbekümmert eingezogen in das große schöne Haus und habe immer gern dort gewohnt, mehrmals unterbrochen von sogenannten „Kriegsdiensten", die Jugendliche leisten mussten, meist Schülerinnen der Oberklasse. Die meisten Buben hatten sich freiwillig zur Wehrmacht gemeldet. 1939 lebten meine Mutter und ich beim Großvater in Göttingen, nachdem Karlsruhe nahezu entvölkert war, aus Angst vor französischem Beschuss.

War damals an Ausbildung oder Beruf zu denken?

1944 hatte ich mein Studium an der Musikhochschule Karlsruhe begonnen. Nach dem kurzen Sommersemester wurde sie geschlossen. Wieder hatte ich Glück im Unglück, denn ich musste anschließend keinen Kriegsdienst leisten an der Front, sondern „nur" bei der örtlichen Straßenbahn. Eine kurze „Karriere", denn nach dem schweren Luftangriff auf Karlsruhe im Dezember 1944 wurde auch der Straßenbahnverkehr komplett eingestellt: Totaler Krieg. Mancher Traum wurde über Nacht zum Trauma. Für Proteste fehlten Zeit und Kraft. Jeder und jede hatte mit sich zu schaffen.

Aber wer konnte, brachte sich in „Sicherheit". Ich zog mit meiner Mutter auf abenteuerlichen Wegen nach Esslingen. Die Familie einer Arbeitsdienstfreundin hat uns aufgenommen bis zum Kriegsende. Vorher, im Januar 1945, musste ich erneut Dienste leisten, diesmal als Hilfskraft in einem Labor in Neckarhausen bei Nürtingen. Auch wir hatten nur das Nötigste, oft nicht mal das, kamen aber trotzdem durch, irgendwie. Gerettete Ware aus dem Juweliergeschäft half uns dabei.

Erlebte Geschichte fühlt sich anders an als erforschte. Unter vier Augen mit Zeitzeugen kehrt Vergangenheit zurück, rückt näher, geht unter die Haut, und Türen des Verstehens öffnen sich…

1946 wurde die Musikhochschule wieder geöffnet. Mein Studienfach blieb unbefristet eingeschränkt, so dass ich es schweren Herzens wechselte. Ich war ja inzwischen Mitte Zwanzig. Am Ende schloss ich mein Studium zur Privatlehrerin in Klavier erfolgreich ab, auch das Privatlehrerexamen für Gesang. Als wir die Villa 1950 zurückgeben mussten, war das ein harter Schlag für mich, mehr noch für meine Mutter. Mein Vater hat es ja nicht mehr erlebt.

démocratie avoir du courage civique, c'est courageux, mais sous une dictature le courage civique vous met en danger de mort. Mes parents n'étaient pas des héros. Ils étaient des insulaires dans leur petit monde à eux, qui cependant faisait partie du monde. Le déni n'est souvent que le manteau qui cache une certaine détresse humaine. Ce que l'on ne voit pas, que l'on n'entend pas, n'éveille pas le soupçon. Cela n'existe pas, tout simplement.

C'est ainsi que j'ai emménagé en toute insouciance dans cette belle maison, dans laquelle j'ai beaucoup aimé habiter, bien que mes séjours aient été plusieurs fois interrompus par des « services militaires », que les jeunes devaient accomplir, en général des élèves de terminale. La plupart des garçons s'étaient portés volontaires. En 1939 ma mère et moi habitions chez mon grand-père à Göttingen, après que Karlsruhe avait été quasiment vidée de ses habitants, par peur d'un bombardement français.

Pouvait-on penser à cette époque à une formation ou à un métier ?

En 1944, je commençai mes études au conservatoire de Karlsruhe et après le court semestre d'été, celui-ci fut fermé. A nouveau j'eus de la chance dans ma malchance, puisque je n'ai pas été obligée d'intégrer le service au front, mais « seulement » la compagnie des tramways. Une « carrière » courte, puisque en décembre 1944, pendant le grand bombardement de Karlsruhe, le trafic urbain s'arrêta complètement. La guerre totale. En une seule nuit certains rêves se muèrent en cauchemar. Protester aurait demandé du temps et de la force. Chacun devait s'en sortir.

On essaya dans la mesure du possible de se mettre à l'abri et nous nous rendîmes, ma mère et moi, à Esslingen, par des chemins hasardeux. La famille d'une amie de « l'Arbeitsdienst » nous recueillit jusqu'à la fin de la guerre. Auparavant, en janvier 1945, j'ai à nouveau dû prendre du service comme aide dans un laboratoire à Neckarhausen près de Nürtingen. Nous n'avions que le nécessaire, parfois moins, mais on s'est débrouillées pour s'en sortir. La marchandise qui avait pu être sauvée de la bijouterie y contribua.

L'histoire vécue est ressentie différemment de l'histoire étudiée dans les livres. Entre quatre yeux, en présence de témoins, le passé ressurgit, vous colle à la peau, des portes commencent à s'ouvrir et l'on comprend mieux...

En 1946, le conservatoire a rouvert ses portes. Ma matière était provisoirement très limitée, de sorte que j'ai dû changer mon fusil d'épaule, à mon grand regret.

Wie hast du selbst das Kriegsende erlebt?

Der Tod meines Vaters, der Verlust zweier Häuser, die Änderung des Studiums, das waren meine Kriegsverletzungen. Sie schmerzten lange. Unser Haus in der Karlsruher Innenstadt war schwer bombardiert. Für den Rest interessierten sich zwei Geschäftsleute. Sie eröffneten im notdürftig hergerichteten Erdgeschoss einen Laden für Tabak und Schokolade, und wir bekamen eine kleine Miete. Damit kamen wir über die Runden, einigermaßen. Danach wollte einer der Mieter das Grundstück kaufen. Doch der Kauf wurde nicht rechtskräftig, weil, wie sich erst später herausstellte, der Eintrag im Grundbuch fehlte. Das war mein Glück. So konnte ich 1960 das Anwesen an „Hertie" (das Kaufhaus heißt heute „Karstadt") verkaufen. Es ist meine heutige Alterssicherung.

Wie schaffte man / frau es, Körper, Geist und Seele im Lot zu halten zwischen Krieg und Frieden?

Die heilsamen Kräfte der Natur sind Balsam für meine Seele. Oder sind es die Gene, ist es das Gemüt, der Fleiß, meine robuste Gesundheit, der Sinn für alles Schöne, das mich aufrecht hält? Auch bei mir ist manches auf der Strecke geblieben. Aber ein ums andere Mal hab ich zu mir gesagt: „Lass fahren dahin. Was du nicht hast, brauchst du nicht!"

Auch das Karlsruher Kulturleben hält mich in Schwung. Ich versäume möglichst kein Konzert, insbesondere im Schloss Gottesaue, denn ich schreibe nach wie vor Musikkritiken für die hiesige Zeitung – unter uns: mies bezahlt, aber gern gelesen. Geld ist ja nicht alles. Übrigens: Zeitunglesen gehört für mich auch zum täglichen Wohlfühlprogramm, ebenso Morgengymnastik. Beides hält fit. Mein Auto ist inzwischen unverzichtbar für mich. Handy und Computer? Nein, die tue ich mir nicht mehr an.

Mit jeder neuen Falte lacht sie dem Leben zu. Christiane ist auch mit 90 plus hellwach, 2014.

A chaque nouvelle ride elle sourit à la vie. A 90 ans Christiane est toujours des plus alertes, en 2014.

En plus j'avais déjà bien entamé la vingtaine; j'ai donc terminé avec succès mes études de professeur de piano et passé mes examens de professeure privée de chant. Lorsqu'en 1950, nous avons dû rendre notre villa, c'était un coup dur pour moi et plus encore pour ma mère. Mon père n'a plus connu cela.

Comment as-tu vécu la fin de la guerre ?

La mort de mon père, la perte de deux maisons, le changement d'orientation de mes études, voilà mes blessures de guerre à moi. Elles furent douloureuses pendant très longtemps. Notre maison du centre de Karlsruhe fut sérieusement endommagée par les bombardements. Ce qu'il en restait intéressa deux commerçants, qui ouvrirent au rez-de-chaussée, plus ou moins remis en état, une boutique de chocolat et de tabac pour un loyer modique, qui nous permit tout juste de survivre. Puis un des locataires voulut acheter le terrain, mais l'achat s'avéra illégal, parce que l'on constata que l'inscription au cadastre n'avait pas été faite. Ce fut ma chance, puisqu'en 1960 j'ai pu vendre le bien à « Hertie » (un grand magasin, actuellement Karstadt) et c'est devenu mon assurance vieillesse.

Comment en tant que femme garder le cap entre guerre et paix, avec son corps, son esprit et son âme ?

Les forces bénéfiques que procure la nature sont du baume pour mon âme. Ou bien sont-ce mes gènes, ma sensibilité, mon activité, ma robuste santé, mon sens de ce qui est beau, qui me maintiennent debout ? Pourtant moi aussi j'ai loupé certaines choses. Mais l'un dans l'autre, je me suis dit : allez, laisse les choses comme elles sont. Ce que tu n'as pas, tu n'en as pas besoin.

C'est vrai que la vie culturelle de Karlsruhe me tient en éveil. Dans la mesure du possible je ne manque aucun concert, surtout ceux du château de Gottesaue, parce que je continue à écrire les critiques musicales dans notre quotidien local

Welche Fragen und Probleme haben dich in deiner Jugend am meisten beschäftigt?

Lernen und üben. Beides steht noch heute auf meinem Stundenplan, insbesondere „Klavier". Zuerst Technik, dann freies Spiel. Erst Pflicht, dann Kür. So ist die Reihenfolge nach wie vor.

Wie wichtig waren daheim Bildung und Ausbildung für ein „Mädchen"?

Sehr wichtig. Da waren meine Eltern ihrer Zeit voraus – insbesondere meine Mutter. Sie hat mich gefordert und gefördert. Dafür bin ich ihr noch heute dankbar.

Hattest du eine beste Freundin / einen besten Freund?

Eine beste Freundin, ja. Mit 14 gingen wir gemeinsam in die Rundfunkspielschar. Ihr verdanke ich meine schönsten Erinnerungen. Wenn ich nur an unsere Hütte im Haselgrund im Murgtal denke. Strom und Wasser gab es natürlich nicht, aber Abenteuer, und alle naturbelassen. Lang, lang ist's her. Meine Freundin starb 2006. Ein schmerzlicher Verlust bis heute. Aber ich denke oft an sie, zumal mich bis heute eine herzliche Freundschaft mit ihren Söhnen verbindet. „Verloren ist nur, was wir vergessen". Das tröstet mich. Ein bisschen.

Einen besten Freund? Nein, den hatte ich nicht. Damals, zu meiner Zeit, ging es noch nicht so früh „durcheinander".

Gab es immer Menschen, die dir Mut machten, Menschen, die dir Halt gaben in der Not?

Ich bin allein klar gekommen, meistens. Die andern hatten ja auch mit sich zu tun. Nur meine Mutter, sie war immer meine große Stütze. Leider starb sie schon 1957, gerade mal 70-jährig. Nach ihrem Tod zog eine Freundin zu mir. Sie war lange die Seele der Kunstfreunde unserer GEDOK. Wir wohnten anfangs zusammen in der Beethovenstraße. Als dessen Eigentümer das Haus an einen Rechtsanwalt verkaufte, mussten wir ausziehen. So sind wir 1959 in die Schwarzwaldstraße gezogen. Hier starb meine Freundin 1977. Ihrem Neffen, einem Juristen, verdanke ich den Vertrag, der, wie schon erwähnt, finanziell mein Alter sichert.

– entre nous – c'est mal payé, mais on les apprécie. D'ailleurs, l'argent n'est pas tout et la lecture du journal fait partie de mon plaisir quotidien, tout comme la gymnastique. Les deux me maintiennent en forme. Ma voiture m'est devenue indispensable, quant au portable et au PC je ne veux plus m'y mettre.

Quels sont les questions et les problèmes qui t'ont le plus préoccupée dans ta jeunesse ?

Apprendre et travailler. Les deux sont encore inscrits dans mon emploi du temps, surtout le « piano ». D'abord la technique, puis le jeu. D'abord le devoir, puis la prestation. Voilà le rite, immuable.

Est-ce que la culture et la formation des « jeunes filles » tenaient-elles une place importante chez vous à la maison ?

Très importante. Dans ce domaine mes parents étaient en avance sur leur temps, surtout ma mère. Elle était exigeante tout en m'encourageant. Je lui en suis reconnaissante encore aujourd'hui.

Avais-tu un(e) ami(e) qui comptait plus que tout ?

Une meilleure amie, oui ! A 14 ans nous avons fréquenté la troupe des pièces radiophoniques. Je lui dois mes plus beaux souvenirs. Rien que de penser à notre cabanon du « Haselgrund » près de Gernsbach. Il n'y avait ni eau ni électricité bien sûr, mais l'aventure permanente, liée à la nature. C'était il y a bien longtemps. Elle mourut en 2006. Une perte douloureuse pour moi, encore aujourd'hui. Je pense souvent à elle et je suis liée d'amitié avec ses fils. « Ce qui est perdu est ce que nous oublions ». Cela me console, un peu.

Un « meilleur ami » ? Non, je n'en avais pas. A mon époque, les rapports entre hommes et femmes n'étaient pas aussi libres.

Avais-tu toujours des personnes autour de toi qui t'ont encouragée, qui t'ont soutenue dans l'épreuve ?

En général je m'en sortais moi-même. Les autres étaient d'ailleurs préoccupés par leur propre personne. Sauf ma mère qui a toujours été d'un grand soutien. Malheureusement elle est décédée en 1957, à 70 ans à peine. Après sa mort une

> *Christiane Voigt (sitzend) mit ihrer Autorin Brigitte Eberhard (links stehend) und ihrer französischen Übersetzerin Annick Médard (rechts), 2015.*
>
> *Christiane Voigt (assise) entre sa biographe Brigitte Eberhard (à gauche) et sa traductrice française Annick Médard (à droite) en 2015.*

Vorbilder werden nicht gegeben, sie werden genommen. Wie war das bei dir?

Ich hatte, abgesehen von meiner Mutter, keine Vorbilder, geschweige denn Idole. Ich stelle Menschen nicht auf einen Sockel. Das führt zu nichts, zu nichts Gutem. Der Austausch auf Augenhöhe, der offene Umgang mit Stärken und Schwächen, auch mit eigenen, passt besser zu mir. Geschwärmt haben wir natürlich auch, ja, insbesondere für Karlsruher Theaterkünstler, am meisten für die Schauspielerin Käthe Wolf und natürlich für die Sopranistin Vilma Fichtmüller, die als Walküre die Karlsruher Bühne eroberte.

Was ist deine größte Schwäche? Deine größte Stärke?

Der nachlässige Umgang mit Zahlen, Formularen und Behörden ist eine leidige Sache für mich und gelegentlich auch folgenschwer. Zum Glück gibt's den Sohn einer Freundin, der Jurist ist. Im Übrigen hab ich mich inzwischen ausgesöhnt mit mir. Fehlender Ehrgeiz? Das ist keine Schwäche. Die Welt braucht auch Durchschnittsmenschen. Sie versüßen dem Sieger den Sieg.

Na ja, besonders gesund gelebt habe ich auch nie. Zwischendurch eine halbe Zigarette, abends mein Rotwein, alles mit Maß und Ziel. Hört sich kleinlich an, schützt aber vor Übertreibung. Den Wein gibt's jeden Tag pünktlich: ein Achtel um Viertel vor 9, das zweite um Viertel vor 10, Nummer 3 um Viertel vor 11. Dazu Fernsehen, am liebsten Natur- und Historienfilme, am allerliebsten mit Erdnusslocken und Chips, und zur Entspannung Patiencen legen. Musik nur natura.

Meine größte Stärke? Da muss ich nachdenken. Dass ich mir selbst genug bin? Der Mut zur Wahrheit, die Zuverlässigkeit? Ohne Übertreibung: Eine

amie est venue habiter avec moi. Longtemps elle a été l'âme des amis des arts de notre GEDOK. Au début nous habitions ensemble Beethovenstrasse mais lorsque les propriétaires ont vendu la maison à un avocat, nous avons été obligées de déménager et sommes allées habiter en 1959 dans la Schwarzwaldstrasse. C'est là que mon amie mourut en 1977. C'est grâce à son neveu juriste que j'ai pu signer le contrat dont j'ai parlé et qui m'assure financièrement mes vieux jours.

L'exemple ne se donne pas, n'est-ce pas, on le suit, pour toi aussi je suppose ?

A part ma mère, je n'avais pas d'exemple, encore moins d'idole. Je ne mets pas les gens sur un piédestal. Cela ne mène à rien, à rien de bon. L'échange les yeux dans les yeux, le maniement ouvert avec leurs forces et leurs faiblesses, les siennes propres, tout cela me convient mieux. Bien entendu nous nous sommes aussi enthousiasmés pour les artistes du théâtre de Karlsruhe, surtout pour la comédienne Käthe Wolf et naturellement la soprano Vilma Fichtmueller qui conquit la scène de Karlsruhe avec son rôle de Walkyrie.

Quelle est ta plus grande faiblesse ? Et ta plus grande force ?

Mon rapport aux chiffres, aux formulaires, à l'administration en général, est pénible et parfois lourd de conséquences. Heureusement il y a le fils d'une amie qui est juriste. Mais qu'importe. Je me suis réconciliée avec moi-même depuis le

gute Fotografin bin ich auch. Dafür habe ich Talent (was die fein säuberlich archivierte Fotosammlung beweist). Habe es oft bewiesen auf meinen Reisen durch ferne Länder. Ich bin ja fast überall gewesen auf der Welt, außer in Asien, wohin es mich nie gezogen hat. Mein schönstes Bild ist ein Schwarzweißfoto vom Matterhorn mit Riffelsee. Den Blick fürs Detail und jede Menge Geduld, beides hatte ich mit der Zeit erworben.

Das Bild hängt im Flur – neben Christianes Lebensmotto: ***Nie mehr schein' als sein!***

Was möchtest du Nachgeborenen weitergeben?

Fehler machen. Dazu stehen. Daraus lernen. Und:
Im Hertzen still und ganz gelassen seyn…!

temps. Est-ce un manque d'ambition ? Ce n'est pas une faiblesse, non ? Notre société a aussi besoin de gens ordinaires. Ils rendent la victoire plus facile aux vainqueurs.

Au fond je n'ai jamais mené une vie trop saine. De temps en temps la moitié d'une cigarette, le soir mon vin rouge, tout avec modération. Cela peut paraître mesquin mais cela protège de l'exagération. Mon verre de vin quotidien suit toujours le même rythme : un verre à 9 h moins le quart, un autre à 10 h moins le quart et le dernier à 11 h moins le quart. Devant la télévision, si possible avec un documentaire sur la nature ou sur l'histoire, encore mieux avec chips et cacahuètes. Et comme détente, faire des patiences, pas de musique, je la veux « nature ».

Ma plus grande force ? Il faut que je réfléchisse. Peut-être que je me suffis à moi-même ? Le courage d'accepter la vérité, le fait de pouvoir compter sur moi ? Sans me vanter je suis une bonne photographe. Un certain regard pour le détail et beaucoup de patience, je les ai acquis avec le temps. J'ai un certain talent (comme le prouve la collection de photos soigneusement archivées). Je l'ai souvent prouvé au cours de mes voyages dans des pays lointains. J'ai pratiquement visité le monde entier, sauf l'Asie, ce qui ne m'a jamais intéressée. Ma plus belle photo, c'est le Cervin avec le lac Riffel, en noir et blanc. Elle se trouve dans l'entrée, à côté de la devise de Christiane : ***Ne parais pas plus que tu n'es !***

Que voudrais- tu transmettre à ceux qui naîtront après toi ?

Faites des erreurs, assumez-les, tirez-en des leçons et ***que votre cœur dégage calme et sérénité… !***

DIE VATERLOSE GENERATION

Marguerite*, geboren 1941 in Strasbourg
Deutsche Übersetzung von Barbara Beu

„So geht das Leben"

Diesen Titel gäbe ich für den Buchbeitrag, wenn er veröffentlicht würde, denn das Leben besteht aus so vielen Überraschungen. Mein Lebensspruch lautet: *Man kann in Leichtigkeit leben, aber man muss hart arbeiten.*

Ich hatte das große Glück, in einer wunderbaren Familie aufzuwachsen, trotz Abwesenheit des Vaters, der leider 1941 in Russland gefallen ist für sein „Vaterland", das war Deutschland. Ich lebte zusammen mit meiner Mutter, Großmutter und dem Großvater, die allesamt außergewöhnlich waren und mir all ihre Liebe gaben.

In dieser Familie, die zur Mehrheit aus Frauen bestand, nahm dennoch mein Großvater mütterlicherseits einen recht großen Platz ein. Seine Eltern waren deutschstämmig. Sie ließen sich 1885 im Elsass nieder, zu einer Zeit, in der dieses zum Kaiserreich gehörte. Bei ihrer Ankunft bauten meine Urgroßeltern aus Mitteln einer Erbschaft in Straßburg ein kleines Haus mit einem großen Garten. Als junge Witwe lebte meine Urgroßmutter, um ihre Familie mit vier kleinen Kindern durchzubringen, vom Handel mit Lebensmitteln sowie der Aufzucht von Schweinen und Hühnern. Sie starb 1920 und hinterließ einen Jungen und ein Mädchen; die anderen beiden Kinder waren früh verstorben.

1918, nachdem das Elsass nach vier Kriegsjahren wieder französisch geworden war, wurden alle Gesetze geändert. So wurden der Handel und die Viehzucht, die meine Urgroßmutter ihren beiden überlebenden Kindern überlassen hatte, vom Staat beschlagnahmt. Da ihre Tochter, damals 28 Jahre, die französische Staatsbürgerschaft nicht annehmen wollte, wurde sie aus dem Elsass vertrieben. Sie wählte die Vereinigen Staaten als neue Heimat, aber ihr Herz blieb im Elsass. Das Heimweh zu dem Land, in dem sie geboren wurde, spürte man in jedem

* Name geändert

LA GÉNÉRATION ORPHELINE DE PÈRE

**Marguerite*, née en 1941 à Strasbourg
Texte écrit par Sonia Esch**

« Ainsi va la vie »

serait le titre que je donnerais à un livre si celui-ci devait être publié, car la vie est faite de bien des surprises. Et ma devise ? « *on peut vivre à l'aise, mais il faut travailler dur* ».

J'ai eu l'immense chance et le bonheur de pouvoir grandir dans une famille merveilleuse, malgré l'absence d'un père qui, malheureusement est décédé en Russie en 1941 pour son pays, l'Allemagne, entourée d'une mère, d'une grand-mère et d'un grand-père, tous extraordinaires et qui me donnaient tout leur amour.

Dans cette famille, composée en majorité de femmes, mon grand-père maternel occupait pourtant une très grande place. D'origine allemande, ses parents sont venus s'installer en Alsace en 1885 à l'époque où celle-ci appartenait à l'empire prussien. A leur arrivée, mes arrière grands-parents ont fait construire, grâce à un héritage, une petite maison entourée d'un grand jardin à Strasbourg. Veuve très jeune, mon arrière-grand-mère, pour subvenir aux besoins de sa famille, composée de quatre enfants en bas âge, vivait de commerce alimentaire, d'élevage de porcs et de volailles. Elle est morte en 1920 laissant derrière elle deux enfants, un garçon et une fille, les deux autres étant décédés jeunes.

En 1918, l'Alsace étant redevenue française, après quatre années de guerre, toutes les lois ont été modifiées. Par conséquent, le commerce et l'élevage laissés par mon arrière-grand-mère à ses deux enfants survivants, ont été confisqués par l'Etat. Sa fille alors âgée de 28 ans n'a pas souhaité prendre la nationalité française et a de ce fait, été expulsée d'Alsace. Elle a choisi d'immigrer aux Etats-Unis où elle a fait sa vie, mais son cœur est resté en Alsace et la nostalgie de son pays natal se ressentait dans chacune de ses lettres. Elle n'a hélas jamais revu sa

* le prénom a été changé

ihrer Briefe. Leider hat sie ihr Vaterland nie wiedergesehen. Als sie 1950 ein großes Fest mit allen Familienangehörigen plante, starb sie unerwartet im Alter von nur 60 Jahren.

Ihr Bruder hingegen, mein Großvater, nahm die französische Staatsbürgerschaft an und bekam so die Hälfte des Erbes seiner Mutter. Das kleine Haus wurde verkauft, aber es existiert heute noch ohne äußere Veränderungen. Auf der großen angrenzenden Gartenfläche steht jetzt ein Haus mit 18 Wohneinheiten. Jedes Mal, wenn ich dort vorbeigehe, wo sich einst die Wiege meiner Vorfahren befand, bekomme ich einen Stich ins Herz.

Kindheitserlebnisse

Die ersten Kindheitserlebnisse, an die ich mich erinnere, sind diese wundervollen Weihnachtsfeiern, die die beiden Frauen in meinem Leben, Mama und Großmama, mit so viel Liebe gestalteten. Die Vorbereitungen für dieses Fest waren damals um vieles beneidenswerter als die heutigen. Es war das Fest zu Weihnachten, das vorbereitet wurde. Es ging nicht darum, wer am meisten bekommen sollte und für wen die schönsten Geschenke waren. Äpfel, Orangen und selbstgemachte Kuchen waren unter dem Tannenbaum. Und – welch eine Überraschung – einmal gab es eine kleine Puppe mit Kleidern. Sie waren von Mamas flinken Fingern gefertigt, das war für mich ein außergewöhnliches Ereignis!

Die stärkste Erinnerung aus meinen Kindertagen ist diese vollkommene Eintracht, die zwischen meinen Großeltern, meiner Mutter und mir bestand. Sie bildeten ein wichtiges Fundament für mein Leben.

Was sich mir auch ins Gedächtnis geprägt hat, war, wie meine Cousine und ich jedes Mal ungeduldig auf die Postkutsche warteten in der Hoffnung, dass sie bei uns anhalten würde, verbunden mit der bangen Frage: Bringt uns der Kutscher ein Paket von der Tante aus Amerika?

Meine Jugend

Da ich das Glück hatte, in einer tollen, warmherzigen Atmosphäre aufzuwachsen, wurde mir kein Wunsch verwehrt. So vertiefte ich mich in meine Leidenschaft, das Theater. Ob in der Schule oder in der Pfarrei, ich war immer dabei, wenn sich die Gelegenheit bot! Ich liebte von ganzem Herzen die Rollen, die man mir zugedacht hatte, und spielte sie bis zur Perfektion. Hätte ich daraus meinen

patrie, car ayant projeté de venir faire une grande fête avec toute sa famille en 1950, elle décéda subitement à l'âge de 60 ans.

Son frère (mon grand-père) par contre, acquérit la nationalité française et de ce fait a eu le droit à la moitié de l'héritage de sa mère. Cette petite maison a été vendue mais elle existe toujours telle quelle, et sur le grand jardin attenant se trouve aujourd'hui un immeuble de 18 logements. J'ai toujours un pincement au cœur quand je passe devant ce qui fut un jour le nid familial de mes ancêtres.

Souvenirs d' enfance

Mes premiers souvenirs d'enfance qui me restent, sont ces magnifiques fêtes de Noël qu'organisaient avec tant d'amour les deux femmes de ma vie: ma maman et ma « mamama » ! Les préparatifs de cette fête à l'époque n'avaient rien à envier à celles de nos jours. C'était la fête de NOEL qui se préparait et non celle à qui aura le plus et les plus beaux cadeaux. Des pommes, des oranges et des gâteaux fait maison étaient sous le sapin. Et oh surprise, une année, il y avait une petite poupée habillée par les doigts agiles de ma maman, ce fut pour moi un événement extraordinaire !

Le souvenir le plus important que je garde de mon enfance est cette parfaite entente familiale entre mes grands-parents, ma mère et moi. Cela fut une base fondamentale pour ma vie.

Un autre souvenir qui reste également gravé dans ma mémoire, c'est lorsque nous attendions, ma cousine et moi, avec impatience le passage du cocher dans la rue : allait-il s'arrêter devant chez nous et nous apporter un paquet de la tante d'Amérique ?

Ma jeunesse

Comme j'ai eu la chance de grandir dans une ambiance formidable et chaleureuse, aucun souhait ne m'était refusé. Ainsi je m'abandonnais à ma passion : celle du théâtre. Que cela soit au sein de l'école ou de la paroisse, lorsqu'on parlait théâtre j'étais partante ! J'adorais jouer ces rôles que l'on m'attribuait et je les menais à la perfection. Si j'avais pu en faire mon métier, j'aurais été comblée ! Et plus tard, lorsque je ne jouais plus moi-même, j'avais un abonnement au théâtre alsacien ainsi qu'aux ballets et opérettes. Nous allions aussi danser régulièrement. A l'époque, les jeunes gens apprenaient à danser dans

Beruf machen können, ich wäre überglücklich gewesen! Später, als ich nicht mehr selbst spielte, hatte ich ein Abonnement für das elsässische Theater, für Ballett und Operetten. Wir gingen auch regelmäßig tanzen. Damals lernten die jungen Leute in einer Tanzschule tanzen und, nachdem wir all diese Schritte gelernt hatten, war es unsere Leidenschaft, jeden Samstagabend in unseren schönsten Ballkleidern auszugehen. Diese wurden in perfekter Art von Mama persönlich angefertigt. Sie war Schneiderin und verbrachte ganze Nächte damit, ihre flinken Finger daran arbeiten zu lassen.

Bei solch einer Kindheit und Jugend kann man nicht von Sorgen reden. Das Leben war für mich schön. Die einzige Wolke, die es mir in dieser Epoche für einen Augenblick trübte und mich traurig machte, war, als mein Großvater uns für immer verließ. Er war für mich ja auch der Vater, den ich niemals haben konnte. Sein Weggang schaffte in unserer Familie eine enorme Leere. Von nun an gab es nur noch Frauen bei uns. Zu diesem weiblichen Familienclan gesellte sich meine beste Freundin, zu der ich seit meiner Kindergartenzeit bis heute Kontakt habe.

Die allerbesten Vorbilder für mein Leben waren mein Großvater und meine Mutter.

Später stellte sich die Frage nach einem zukünftigen Beruf. Mein Hauptinteresse, das Theater, konnte – wie bereits erwähnt – von mir beruflich nicht weiter verfolgt werden. Nichtsdestotrotz habe ich mich mit ganzer Energie auf die Ausbildung in der Modebranche gestürzt.

Kriegszeit

Da mein Großvater während des Krieges an seinen Arbeitsplatz gebunden war, wurden wir nicht wie die meisten Bewohner aus dem Elsass evakuiert. Dennoch verließen wir Straßburg und suchten in einem benachbarten Dorf Zuflucht.

In meiner persönlichen Erinnerung an diese Zeit sind die schrecklichen Alarmsirenen geblieben, die Gefahr gemeldet haben. Ich vergesse niemals, wie meine Familie und ich – damals war ich vier Jahre alt – in einem Bunker unweit unseres Hauses Schutz suchen mussten. Meine Mutter war gerade auf dem Weg nach Hause, um eine Suppe und einen Kuchen vorzubereiten, da fiel eine Bombe direkt vor den Bunker. In diesem Moment nahm eine Frau mich in den Arm und sagte: „Du wirst deine Mutter nie wiedersehen!" Gott sei Dank kam diese einige Zeit später mit ihrer Suppe und einem guten Birnenkuchen zurück, und ich war so glücklich darüber.

des écoles de danses et une fois tous ces pas acquis, nous nous donnions à cœur joie tous les samedis soirs, en sortant nos plus belles robes de bal réalisées personnellement par maman, qui était couturière et qui passait des nuits entières à faire travailler ses doigts agiles.

Avec une telle enfance et une telle jeunesse, on ne peut parler de soucis. La vie était belle pour moi. Le seul nuage qui a assombri et rendu triste un moment de ma vie à cette époque, c'était lorsque mon grand-père nous a quittées, car pour moi il était aussi le père que je n'ai jamais pu avoir. Sa disparition créa un énorme vide dans notre famille où il ne restait désormais plus que des femmes. A ce clan familial féminin s'ajoutait d'ailleurs ma meilleure amie, que j'ai gardée de la maternelle à ce jour.

Mon grand-père et ma mère furent tous deux un formidable modèle de vie pour moi.

Plus tard se posa la question de mon avenir professionnel. Mes centres d'intérêt n'avaient pas pu être exploités car, comme je le disais déjà, ma passion fut le théâtre. En dépit de cela, je me suis tout de même pleinement épanouie dans l'apprentissage du commerce de la mode.

Période de guerre

Durant la guerre, comme mon grand-père était assigné à son poste de travail, nous n'avons pas été évacués hors d'Alsace comme la plupart des habitants. Toutefois, nous avons quitté Strasbourg pour nous réfugier dans un village avoisinant.

Les souvenirs qui me restent personnellement de cette période, sont ces horribles sirènes qui annonçaient le danger. Je n'oublierai jamais cette anecdote, lorsqu'à l'âge de quatre ans nous devions nous réfugier, ma famille et moi dans un bunker situé non loin de notre habitation. Ma mère était retournée à la maison pour y préparer une soupe et un gâteau, lorsqu'une bombe tomba juste devant le bunker. A ce moment, une dame me prit dans ses bras et me dit : « tu ne reverras plus ta maman ! » Fort heureusement, quelques temps plus tard, elle revint avec sa soupe et une bonne tarte aux poires !

Expériences particulières

Ce qui m'a le plus marquée dans la vie, c'était le décès de mes êtres chers ainsi que le changement incessant de nationalité de mon grand-père. Né allemand, il

Besondere Erfahrungen

Was mich in meinem Leben am meisten prägte, war der Tod meiner lieben Familienmitglieder sowie der wiederholte Nationalitätenwechsel meines Großvaters. Als Deutscher geboren, ließ er sich 1929 als Franzose einbürgern, um 1939 bis 1945 wieder Deutscher zu werden. Am Ende des letzten Krieges schließlich erlangte er erneut die französische Staatsbürgerschaft.

Im Gegensatz zu meiner Familie wurde ich persönlich nie mit unseligen tragischen Ereignissen konfrontiert: ein Vater und ein Onkel, die nie aus dem Krieg zurückkamen, und all diese Momente des Wartens – kommen sie jemals zurück oder nicht? Diese bangen Fragen brauchte ich mir aufgrund meines jungen Alters nicht zu stellen.

Was verbindet mich mit der anderen Rheinseite?

Was mich mit dem Land auf der anderen Rheinseite verbindet, ist die Tatsache, dass meine Urgroßeltern mütterlicherseits aus Deutschland stammten. Sie haben ihr Leben im Elsass verbracht, mein Großvater war zur Eisenbahngesellschaft nach Straßburg versetzt worden. Ihre vier Kinder wurden im Elsass geboren.

Mit 16 oder 17 gingen wir oft mit Freunden „auf die andere Rheinseite" ins Schwimmbad, zum Friseur, ins Restaurant oder einkaufen. Später konnte ich durch meine Nachbarn den Schwarzwald entdecken. Wir unternahmen dort Wochenendausflüge und auch Ferienaufenthalte mit der Familie. Ich habe immer sehr gute Kontakte zu den Deutschen gehabt, und ich finde sie heute noch recht sympathisch. Mir selbst geht es mit der Sprache so, dass ich im Allgemeinen zuerst auf Elsässisch denke und rede und danach auf Französisch.

Mit der Tante aus Amerika (hier vor ihrem Haus) verband Marguerite eine dauerhafte Freundschaft.

Avec sa tante d'Amérique (devant sa maison) Marguerite tissa les liens d'une longue amitié.

Mein Lebensresümee

Die beste Epoche in meinem Leben war meine Kindheit. Was den Rest des Lebens bis heute betrifft, hat es sich mehr oder weniger so abgespielt, wie ich es mit vorgestellt habe, abgesehen

s'est fait naturaliser français en 1929 pour redevenir allemand de 1939 à 1945 et pour enfin reprendre la nationalité française à la fin de la dernière guerre.

Moi par contre, je n'ai pas eu à faire face à un destin funeste ou à des événements tragiques contrairement aux membres de ma famille : un père et un oncle qui ne sont jamais revenus de la guerre avec tous ces moments passés dans l'attente avec la question : reviendront-ils ou non ? A cause de mon jeune âge, je ne me posais pas ce genre de question.

Contacts transfrontaliers

Ce qui me relie à l'autre côté du Rhin, c'est le fait que mes arrière-grands-parents maternels étaient d'origine allemande. Ils ont passé leur vie en Alsace, mon arrière-grand-père ayant été muté à la SNCF de Strasbourg. Leurs quatre enfants sont nés en Alsace.

A l'âge de 16–17 ans, nous allions souvent entre amis de « l'autre côté » à la piscine, chez le coiffeur, au restaurant et faire des emplettes. Plus tard, grâce à mes voisins, j'ai pu découvrir la Forêt-Noire, lors de sorties le week-end ou de vacances en famille. J'ai toujours eu d'excellents contacts avec les Allemands que je trouve encore aujourd'hui bien sympathiques. En règle générale, je pense et m'exprime d'abord en alsacien et ensuite en français.

Conclusion

La meilleure époque de ma vie fut mon enfance. Quant au restant de la vie et jusqu'à ce jour, elle s'est plus ou moins déroulée comme je l'imaginais, mis à part bien sûr la perte cruelle et rapide de mon époux alors que je n'avais que 58 ans.

Si j'avais quelque chose à refaire, je n'y changerais rien car j'étais toujours satisfaite de mon sort et de ce que la vie avait bien

allerdings von dem schlimmen und plötzlichen Verlust meines Mannes, als ich erst 58 Jahre war.

Wenn ich mein Leben noch einmal leben könnte, würde ich nichts anders machen, denn ich war immer zufrieden mit meinem Schicksal und dem, was das Leben mir geben wollte. Mein größter Wunsch ist es, noch lange Zeit mit meiner Mutter verbringen zu können, die immer noch in unserem Haus wohnt und die gerade jetzt, als ich diese Zeilen schreibe, 94 Jahre alt wird.

Eine meiner persönlichen Devisen lautet: *Authentisch sein und sich selbst treu bleiben*. Das hat sich bei mir immer als positiv erwiesen.

Was ich den zukünftigen Generationen auf den Weg geben möchte, ist, dass Frieden auf der Welt herrschen soll und dass die zwischen den Franzosen und den Deutschen geknüpften Verbindungen so bleiben oder sich sogar noch verbessern mögen. Darüber hinaus möchte ich sagen: Macht nicht zu viele Pläne für euer Leben, denn es bietet so viele Überraschungen.

voulu m'apporter. Mon vœu le plus cher est de pouvoir rester encore longtemps avec ma mère qui vit toujours sous mon toit et va avoir 94 ans à l'heure où j'écris ces lignes.

Une de mes devises personnelles est : *rester authentique et fidèle à soi-même* ! Cela s'est toujours avéré avantageux pour moi.

Ce que j'aimerais transmettre aux futures générations c'est que la paix règne sur cette terre, que les liens tissés entre les Français et les Allemands au sein de l'Europe, puissent perdurer voire évoluer. J'aimerais leur dire : n'imaginez pas votre vie à l'avance, car elle est faite de bien des surprises !

SCHIFFE UND BRÜCKEN ÜBERWINDEN TRENNUNGEN

Colette, geboren 1945 in Drusenheim
Text von Barbara Beu

Ein „Kriegskind", geboren auf der anderen Rheinseite; und wenn man sie heute fragt, offenbart sich in ihrer Antwort die Doppelzugehörigkeit: „Ich fühle mich als Deutsche, doch manchmal schlägt mein Herz auch für Frankreich". Geheimnisvoll klingt der Titel, den sie ihrer Geschichte verliehen hat. Es ist der Grund, warum sich die Elsässerin in der kleinen badischen Stadt Lichtenau zu Hause fühlt. Sie verrät uns:

„Die Fähre brachte mir das Glück"

Bis zu dem denkwürdigen Tag, der sie auf ewig mit der anderen Rheinseite verbinden sollte, verbrachte Colette ihr Leben in ihrem Heimatdorf Drusenheim. Sie war dort glücklich und kannte als Kind nichts Anderes als die Holzbaracken, in denen sie mit ihrer Familie lebte, und die Umgebung, die rundherum zum Spielen einlud. Nun sitzen wir Colette als Großmutter gegenüber, in

Stolz auf das Spielzeug im elsässischen Kindergarten Drusenheim ist Colette im Alter von vier Jahren, 1949.

Colette à l'âge de quatre ans est très fière de ces jouets du jardin d'enfants de Drusenheim (Alsace) en 1949.

DES BATEAUX ET DES PONTS POUR SURMONTER LES BARRIÈRES

Colette, née en 1945 à Drusenheim
Texte traduit par Charlotte Esch

Une « enfant de la guerre », née de l'autre côté du Rhin et si on lui pose aujourd'hui la question, il ressort de sa réponse la double appartenance : « je me considère allemande mais parfois mon cœur bat aussi pour la France ». Le titre qu'elle a décerné à son histoire a une résonnance mystérieuse. C'est la raison pour laquelle cette Alsacienne se sent chez elle dans cette petite ville badoise de Lichtenau. Elle nous raconte :

« Le bac m'a apporté le bonheur »

Jusqu'à ce jour mémorable qui l'a relié à tout jamais à l'autre côté du Rhin, Colette vivait à Drusenheim, son village natal.

ihrem gartenumwobenen Haus mit großen Fenstern, auf dem Schoß ihr jüngstes Enkelkind, ein dreijähriger Blondschopf. Neben ihr sitzt ihr Mann, mit dem sie vor drei Jahren goldene Hochzeit feiern durfte. Er ist Deutscher, und so erklärt sich schnell die große Liebe zum Nachbarstaat. So wie die Fähre von Drusenheim steht er für die Verbindung zum ehemaligen Feindesland, in dem freilich, bedingt durch die wechselhafte Geschichte des Elsass, sich bis heute Blutsbande in der Verwandtschaft nachweisen lassen.

Colette als 14-jähriges Mädchen vor den Wohnbaracken für Ausgebombte im Jahr 1959. Es war eine Art Ghetto.

Colette à 14 ans devant les baraques de sinistrés en 1959, une sorte de ghetto.

Ja, die beiden Eheleute sind heute noch unzertrennlich, und keiner tut etwas ohne den anderen. Vor dem Eingang des Hauses verrät eine bequeme Holzbank mit Sitzkissen einen ihrer Lieblingsplätze. Mit seinem vielen Grün, mitten im Ort gelegen, gibt das Gehöft eine erstaunliche Dorfidylle ab. Im Vorgarten strahlen Blumen in jeder Couleur, im hinteren Teil sind heute Erdbeerfelder und Gartengemüse angelegt.

Colettes neue Heimat ist seit 1963 Lichtenau-Ulm, jener kleine Ort im südlichsten Zipfel des Landkreises Rastatt. Dabei wäre ihr Glück nicht möglich gewesen ohne diese Verbindung, die über den großen Rhein führt und so die einst sich bekriegenden Länder miteinander verbindet, die Fähre! „Sie ist das wichtigste Element in meinem Leben", sagt sie zurückblickend. Denn nur so konnte die Liebe des jungen Paares beginnen und wachsen. Und das Ergebnis, ein Jawort mit Ring und Traualtar, wurde schon damals gebührend auf der Fähre gewürdigt. Schließlich stand diese „schwimmende Brücke" auch an ihrem Ehrentag im Mittelpunkt: Das Brautpaar wählte das sinnträchtige Verbindungsschiff als Motiv für die traditionellen Hochzeitsfotos.

„Die Grefferner Fähre hat, wie die meisten, ihre Tücken", erzählt die glückliche Landfrau und heute vierfache Großmutter. Zwei Jahre vor der Vermählung des Paares errichtet, kam sie für die beiden gerade zur rechten Zeit. Im gleichen Maße, wie sie die Verbindung zwischen den beiden förderte, waren sie auch von ihr abhängig. Oft genug fuhr sie nämlich nicht: Sturm, Nebel, Hochwasser oder Reparaturen setzten dem Liebesglück der beiden so manchen Sonntag ein banges Aus. „Wir waren immer von Wind und Wetter abhängig", lacht Colette

Enfant, elle y était heureuse et ne connaissait rien d'autre que les baraques en bois, dans lesquelles elle vivait avec sa famille et les alentours qui invitaient aux jeux. Nous voilà assises en face de Colette grand-mère, dans sa maison aux grandes fenêtres et entourée d'un jardin; sur ses genoux son dernier petit-fils, un blondinet de trois ans. A côté d'elle se trouve son mari avec lequel elle a pu fêter il y a trois ans leurs noces d'or. Il est allemand, c'est pourquoi son grand amour pour le pays voisin est vite compréhensible. Comme le bac de Drusenheim, il est le maillon avec l'ancien pays ennemi, dans lequel – vu l'instabilité de l'histoire de l'Alsace – on retrouve des liens du sang.

Eh oui, aujourd'hui encore, ces deux époux sont inséparables et l'un ne fait jamais rien sans l'autre. Devant l'entrée de la maison, un confortable banc en bois muni de coussins, révèle une de leur place préférée. Située au milieu du village et entourée de beaucoup de verdure, cette ferme reflète un étonnant tableau idyllique. A l'avant, dans le jardinet, resplendissent des fleurs de toutes les couleurs et à l'arrière de la maison il y a aujourd'hui des cultures de fraises et de légumes.

Depuis 1963, Lichtenau-Ulm est la nouvelle patrie de Colette, cette petite ville située dans la partie sud de la région de Rastatt. Son bonheur aurait été impossible sans ce bac sur le Rhin reliant les deux pays, qui s'étaient fait la guerre. « Il est l'élément le plus important de ma vie » dit-elle rétrospectivement. C'est ainsi que l'amour de ce jeune couple a pu éclore et grandir. Et le résultat, un OUI, avec alliance et autel, déjà scellé comme il convient sur le bac ! Ce pont flottant était le centre d'intérêt de leur grand jour : c'est là aussi que les traditionnelles photos de mariage ont été faites.

« Le bac de Greffern a ses vices, comme pratiquement tous » raconte cette paysanne comblée et grand-mère de quatre petits-enfants. Construit deux années avant les épousailles du couple, il était juste là au bon moment. Il encourageait certes le contact entre les deux jeunes gens, mais ils en étaient aussi tributaires ! Bien souvent il ne naviguait pas : tempête, brouillard, crue ou réparations annulaient d'un trait le bonheur dominical du couple. « Nous étions toujours

und weiß noch wie heute, wie sie und ihr Verlobter stets darum besorgt waren, die letzte Fähre am Abend nicht zu verpassen, denn die Nacht im Haus des Geliebten zu verbringen, war damals verboten, solange die Eheschließung nicht vollzogen war.

Frühe Ehe

18 Jahre war Colette bei der Eheschließung, denn mit der Bekanntschaft von Fridolin änderte sich ihr Leben schlagartig. „Ich wollte damals weg von zu Hause, in die „große, weite Welt", gesteht sie heute. „Und die Männer in meiner Umgebung haben mich nicht interessiert". So ging die junge Frau am Wochenende gelegentlich über die Fähre in diese „andere Welt", wo die Familie Bekannte hatte und sie sich mit Babysitten nützlich machen konnte. Nur ein einziges Mal, so erinnert sie sich heute schmunzelnd, hat sie dort im Restaurant ausgeholfen und einem „feschen Moo" schwungvoll ein Bier auf den Tisch gestellt. Sofort begann eine „Bilderbuchgeschichte": Er fand Gefallen an dem frischen, jungen „Fräulein". Ihm fiel ihre besondere Freundlichkeit auf: Eine Frau, die bei der Arbeit lacht, das war nicht selbstverständlich. Und genau so jemand suchte er für seinen Hof im Nachbardorf.

Sogleich heckte der junge Mann Pläne aus, wie sie sich wiedersehen konnten. Ein klug eingefädelter Ausflug mit Bekannten wurde geplant, er brachte die beiden einander näher. Fridolin war damals schon ein „gestandener Mann" von 30 Jahren, ein gut situierter Landwirt, der wusste, worauf es im Leben ankommt und was zählt, wenn es um die „Frau des Lebens" geht. Möglichst rasch wollte er herausbekommen, ob diese „nette junge Frau von drüben" für sein Alltags- und Berufsleben Interesse zeigen würde, denn das war für ihn Voraussetzung, um ein gemeinsames Leben zu führen. Und sie zeigte Interesse und Begabung, auch wenn die Arbeit neu und anstrengend für sie war.

In der damaligen Zeit wollte eigentlich kein Mädchen einen Landwirt heiraten, wegen der vielen Arbeit im

An ihrem Hochzeitstag – Colette war gerade 18 Jahre alt – stand die Greffener Fähre Pate für Fotoaufnahmen, 1963.

Le jour de son mariage, Colette venait d'avoir 18 ans. Le bac de Greffern cautionna les prises de vue en 1963.

tributaires de la météo » raconte en riant Colette qui se souvient – comme si c'était hier – comment elle et son fiancé étaient toujours inquiets de manquer le dernier bac, car passer la nuit chez son amoureux n'était pas permis. A cette époque, les jeunes fiancés n'avaient pas l'autorisation de passer la nuit ensemble avant d'être mariés, le mariage ne devait pas être « consommé ».

Mariage prématuré

Elle avait 18 ans lors de son mariage, car sa vie changea brusquement après avoir fait la connaissance de Fridolin. « Je voulais partir de la maison, aller dans le monde » avoue aujourd'hui Colette. « Je n'étais pas intéressée par les hommes de mon entourage ». C'est ainsi que pendant le week-end la jeune femme prenait occasionnellement le bac pour se rendre dans « cet autre monde », où la famille avait des connaissances et où elle se rendait utile en faisant du baby-sitting. Elle se souvient aujourd'hui – avec un sourire amusé – qu'un jour où elle avait donné un coup de main au restaurant, elle avait posé gaiement et avec allant une bière sur la table devant « un beau mec ». Et c'est là que tout commença, comme dans un roman : la jeune et fraîche « demoiselle » lui plut. Il remarqua surtout sa gentillesse et son amabilité, d'autant plus qu'une femme qui rit en vaquant à son travail, n'allait pas de soi. C'est précisément ce genre de femme qu'il cherchait pour son travail « de l'autre côté ».

Le jeune homme fit de suite des projets pour qu'ils puissent se revoir. Une excursion avec des connaissances fut astucieusement planifiée, ce qui permit le rapprochement des deux jeunes gens. Fridolin était dans le temps déjà un homme dans la fleur de l'âge, d'une trentaine d'années, un agriculteur avec une bonne situation, qui savait de quoi il en retournait dans la vie, conscient de l'importance quant au choix d'une « femme pour la vie ». Il voulait chercher à savoir le plus rapidement possible, si cette « sympathique jeune femme de l'autre côté du Rhin pourrait

Stall und auf den Feldern. Aber Colette freute sich auf ihr anderes, neues Leben. Um sich besser vorzubereiten, besuchte sie im Winter vor ihrer Heirat die Landwirtschaftsschule in Bühl. Der Unterricht fiel ihr schwer, denn sie machte dabei die unbarmherzige Entdeckung, dass sie plötzlich des Schreibens „nicht mächtig" war. Zwar konnte sie Deutsch sprechen, aber auf Deutsch zu schreiben hatte sie nie gelernt, und „driwwe" in der Schul' stand natürlich Französisch auf dem Lehrplan. Doch die Lehrkräfte hatten ein Einsehen mit der fleißigen Schülerin, die sich dafür in der Praxis umso besser durchschlagen konnte.

Um der Liebe und der Freiheit Willen schlug Colette also ihre Zelte im damaligen, noch „feindlichen Ausland" auf. Als Angehörige der „neuen Generation" ging sie vorurteilsfrei an die frisch entdeckte Nachbarschaft heran und wechselte völlig unvoreingenommen die Seite. Für die Ortsbevölkerung blieb diese Entscheidung jedoch nicht ohne Argwohn; es gelang nur mit Langmut und Beharrlichkeit, dass diese „Frau von drüben" heute vollständig in das Dorfleben integriert ist, ja dieses sogar aktiv mitgestaltet. Ob im Landfrauenverein oder anderen örtlichen Verbänden, sie prägt mit ihrer Kreativität und Originalität die regionale Landschaft. Beim bekannten „Grumbeerefescht" (Kartoffelfest) weiß sie mit ihren prächtig geflochtenen Blumenkränzen auf dem Kopf der jungen Mädchen dem traditionsreichen Ereignis ihre persönliche Note zu geben. Es ist ihr ein Anliegen, den Kindern und Jugendlichen dieses hübsche Handwerk beizubringen und weiterzugeben.

Aufgewachsen ohne Vater

Colette Meyer wurde in den letzten Kriegswochen geboren. Der häufigste Aufenthaltsort der Familie war in dieser Zeit der Keller eines Hauses, wo sie sich zusammen mit Nachbarn und anderen Personen aufhielt. Denn ausgerechnet am Ende von vier langen Jahren des Schreckens und der Angst geriet Drusenheim so stark wie noch nie in einen gewaltigen Bombenhagel. Die Alliierten waren gerade dabei, Frankreich und das Elsass von der Naziherrschaft zu befreien. Die Deutschen waren überraschend, aber sichtlich entkräftet kurz vor Kriegsende noch einmal zurückgekommen, um die Grenzsituation für ihre Zwecke entscheiden zu wollen („Unternehmen Nordwind").

Als Jüngste von vier Geschwistern aufgewachsen hat Colette ihren Vater nie kennengelernt. Er ist nicht aus dem Krieg zurückgekehrt. Jahrelang, ja eigentlich ein Leben lang, hat die Familie – und besonders sie persönlich – darauf gewartet. „So oft habe ich geträumt, er würde plötzlich vor mir stehen, doch es war immer

s'intéresser à son quotidien et au monde de son travail, car pour lui, cela était une condition essentielle pour mener une vie de couple. Et en effet elle montra de l'intérêt et du talent, même si ce travail était neuf et pénible pour elle !

Dans le temps, à cause de la masse de travail dans l'exploitation et dans les champs, aucune fille ne voulait se marier avec un agriculteur. Mais Colette se réjouissait de cette nouvelle vie si différente. Afin de mieux s'y préparer, elle prit, durant l'hiver avant son mariage, des cours à l'école d'agriculture de Bühl. Les cours lui furent pénibles, car elle se rendit compte qu'elle ne maîtrisait plus l'écriture. Bien qu'elle sache parler l'allemand, elle n'avait jamais appris à l'écrire, car à l'école de « l'autre côté » ce n'était que le français qui était à l'ordre du jour. Mais le personnel enseignant avait de la compréhension pour cette élève studieuse qui dans la pratique se débrouillait d'autant mieux.

Par amour, mais aussi par un besoin de liberté, Colette « planta sa tente » dans ce qui fut dans le temps encore le « pays ennemi ». C'est en tant que « nouvelle génération », qu'elle se rapprocha sans préjugés de son nouveau voisinage et changea de manière tout à fait impartiale de côté. Pour la population locale cette décision ne fut toutefois pas sans suspicion : ce n'est qu'avec beaucoup de patience et de persévérance que cette « femme d'en face » a pu s'intégrer pleinement dans la vie du village en y participant même activement. Que ce soit dans le « Landfrauenverein », une association qui se préoccupe des intérêts de femmes vivant à la campagne, ou d'autres associations locales, elle imprègne de par sa créativité et son originalité le paysage régional. Lors de la fameuse « fête de la patate » – évènement riche en tradition – elle sait mettre sa note personnelle aux magnifiques couronnes de fleurs tressées sur la tête des jeunes filles. Il lui tient à cœur d'apprendre aux enfants et aux jeunes ce charmant travail artisanal.

Grandir sans père

Colette Meyer est née durant les dernières semaines de la guerre. La cave d'une maison étant la plupart du temps le lieu de résidence de la famille durant cette période, elle s'y retrouvait avec les voisins et d'autres personnes. C'est précisément à la fin de quatre longues années de terreur et de peur que Drusenheim se trouva pris comme jamais encore auparavant sous un violent déluge de bombes. Les alliés étaient en train de libérer la France et l'Alsace de la domination et du joug des nazis. Juste avant la fin de la guerre, les Allemands, quoique affaiblis, étaient revenus par surprise, afin de régler à leur avantage la situation de la zone frontalière (« Opération Nordwind »).

nur im Traum", erinnert sie sich. Die Papas ihrer Freundinnen – sie waren nicht aus Drusenheim –fanden nach jahrelangem Warten, spätestens 1955, nach der Befreiung aus der Gefangenschaft „alle" nach Hause – so schien es dem kleinen Mädchen damals zumindest. Dass aber ihr Vater bei den Heimkehrenden nie dabei war, das verstand die damals Fünfjährige nicht.

Ganz allein musste die Mutter damals für die Familie sorgen. „Das hat ihren Charakter hart gemacht", so urteilt die Tochter heute. „Leider hat sie dabei sehr wenig über sich und die Zeit nach dem Krieg gesprochen", so stellt Colette bedauernd fest. Ihr Mann in der Rolle des Schwiegersohns hatte da leichteres Spiel. Er durfte immer wieder Fragen stellen, und so setzten die beiden Eheleute nach und nach die Familiengeschichte wie ein Puzzle zusammen.

„Meine Mutter konnte erst über sich und die Familie reden, als sie schon über 80 war", so erklärt Colette heute. Wie viele Frauen ihrer Generation hatte sie nach der Schule und vor der Heirat in reichen Familien den Haushalt geführt. Sie lernte dabei viel für den Alltag und gute Umgangsmanieren. Doch der Preis für diese Frühreife waren eine allzu große und dauerhaft gebliebene Ernsthaftigkeit, ausgelöst durch das Fehlen unbeschwerter Mädchenjahre. Colette erfuhr erst in ihrem eigenen späten Alter so manches aus ihrer Kindheit: Demnach tauchte in ihren ersten Lebenswochen, die die Familie wegen der häufigen Bombardierungen weitgehend im Keller verbrachte, eine „gute Frau" auf, wohl eine Nachbarin. Sie brachte Milch für das Neugeborene und sogar Grießbrei, eine wahre Rarität in jener Epoche.

„Ich war ein offensichtlich wohl genährtes Kind und hing gewohnheitsmäßig an Mutters Rockzipfel. Da Mama mit mir nicht viel geredet hat, wollte ich wohl auf diese Weise mich ihrer Liebe versichern", so interpretiert die heute selbst dreifache Mutter ihr Verhalten von damals. „Und vor allem, so fügt sie hinzu, wollte ich sie auf keine Fall an einen dieser Fremden verlieren, die manchmal zu uns kamen, nachdem mein Vater nicht aus dem Krieg zurückgekommen war". Als Nesthäkchen der Familie wurde ihr Gebaren geduldet, auch von den beiden Schwestern und dem Bruder.

Kindheitserlebnisse

In Colettes ersten, bewusst erlebten Kinderjahren taucht die „Geschichte mit den Brennnesseln" auf. Noch heute ist ihr diese Situation so gegenwärtig, dass sie meint, den Schmerz, den diese harmlos aussehenden Gräser verursachen, deutlich am Körper zu spüren. „Schuld" war ihr Bruder, doch was dieses abstrakte

Etant la plus jeune de la famille, Colette n'a jamais connu son père. Il n'est jamais revenu de la guerre. Des années durant – voire une vie durant, la famille et surtout Colette ont attendu. Elle se souvient : « j'ai rêvé si souvent qu'il se tenait subitement devant moi, mais ce n'était jamais qu'un rêve ! ». Les papas de ses amies – elles n'étaient pas de Drusenheim – sont revenus à la maison après des années d'attente et au plus tard en 1955 après leur libération des camps d'emprisonnement. C'était en tout cas ce que ressentait alors la petite fille, mais que son père ne fût jamais parmi ceux qui revenaient, la fillette ne put le comprendre.

La maman devait subvenir toute seule aux besoins de sa famille. « Ce fait a endurci le caractère de ma mère » selon l'opinion de sa fille. « Malheureusement elle a très peu parlé d'elle et de la période d'après-guerre », comme le constate Colette aujourd'hui. Son mari, dans le rôle de gendre, avait une position plus favorable. Il pouvait toujours poser des questions et c'est ainsi que les deux époux purent reconstituer – comme un puzzle – l'histoire de la famille.

Colette explique : « ma mère ne pouvait parler d'elle-même et de sa famille que lorsqu'elle avait 80 ans passés ». Comme beaucoup de femmes de sa génération elle a travaillé, au sortir de l'école et avant son mariage, dans des familles plus aisées en faisant le ménage. Elle y apprit beaucoup de choses de la vie courante mais aussi les bonnes manières. Mais le prix à payer pour cette précocité fut un trait de caractère trop sérieux, qui lui est resté jusqu'à ce jour et qui est dû aussi aux années d'insouciance propre à l'enfance et à la jeunesse qui lui ont manqué. Colette n'apprit que dans un âge relativement avancé des choses qui se sont passées durant son enfance. Pendant les premières semaines après sa naissance, que la famille passa la majeure partie du temps dans la cave, à cause des bombardements, une « femme charitable », très certainement une voisine, fit irruption dans sa vie. Elle amenait au nourrisson du lait et même de la bouillie de semoule – une vraie rareté à cette époque.

« J'étais apparemment une enfant bien nourrie et toujours accrochée aux jupes de ma mère. Comme maman me parlait peu, j'ai très certainement voulu m'assurer de son amour de cette manière ». C'est ainsi que Colette – aujourd'hui mère de trois enfants – interprète son comportement de jadis. Elle ajoute : « et surtout, je ne voulais en aucun cas la perdre au détriment d'un de ces étrangers qui venaient parfois chez nous après que mon père n'était pas revenu de la guerre ! En tant que petite dernière de la famille, mon comportement fut supporté avec patience par maman mais aussi par mes deux soeurs et mon frère. »

Wort „Schuld" bedeutet, bekam sie damals deutlich zu spüren: Der Kinderwagen, in dem sie lag, war umgekippt, und es brannte überall auf ihrer Haut. Von diesem Schreck erholt, erlebte sie dann hautnah die missliche Situation, in die ihr Bruder als Verursacher geriet. Denn Mutters Zorn war ihm sicher. Und nun fühlte sie selbst sich „schuldig", dass sie ihn in diese Lage gebracht hatte. Sie litt körperlich mit, als er von der kräftigen Mutter erbarmungslos bestraft wurde. Damals erlebte sie, ganz unbewusst noch, zum ersten Mal etwas wie den inneren Zusammenhalt zwischen Geschwistern. Dieses Band war offenbar stärker als die Liebe zur Mutter und den Großeltern, die aufgrund ihrer Altersdifferenz doch immer viel „entfernter" sind. Und diese Art von innerer Solidarität, so kann sie heute sagen, hält ein Leben lang.

Ein paar Jahre später galt es, mit dem Bruder und den älteren Schwestern eine andere Art von Solidarität unter Beweis zu stellen. Colette erhielt laut der altersgemäßen Rangfolge ihren Platz in der Geschwisterriege, wenn es galt, gemeinsam etwas „auszufressen": Als Jüngste musste sie beim Klauen von „Kirschen aus Nachbars Garten" Schmiere stehen. Dabei hatte ihr kaum jemand erklärt, worum es eigentlich ging. Dafür wurde sie umso genauer instruiert, was sie „im Ernstfall" zu tun hatte. Die ganzen Zusammenhänge verstand sie erst später. Doch auch sie hatte, wie viele Kinder ihres Alters, dieses besondere Gespür von Angst, gepaart mit gleichzeitigem Vergnügen, wenn nach gelungener Aktion die Früchte ihres Abenteuers als „süße Beute" in ihrem Mund landeten. So lehrte sie die Jugend manche Verhaltensregeln, ohne dass je viele Worte darüber fielen.

Tief eingeprägt in Colettes Gedächtnis hat sich der häufige „Spaziergang" in den Wald, wo sie mit der Mutter und zwei weiteren Begleiterinnen Holz suchen sollte. Die weibliche „Begabung" und Notwendigkeit, immer so viel für die Familie zu besorgen, wie zum Überleben „wenigstens bis morgen" nötig ist, war den Frauen besonders in den Zeiten der Entbehrungen zu einem „Urinstinkt" geworden. Große Angst hatte das Mädchen vor dem Waldhüter, den sie nicht kannte – und auch nie zu Gesicht bekam, der aber wie ein drohendes Ungeheuer sich in ihrer Phantasie fest setzte. Durch die schweigsame Mutter hatte sie wohl gelernt, bei allen Erlebnissen bezüglich der Einschätzung der Lage ihren eigenen Instinkt walten zu lassen und auf das Schlimmste gefasst zu sein.

Heute fragt sie sich angesichts der Generation ihrer Enkelkinder, wie sie damals täglich den langen Weg zur Schule bewältigt hat. Für die Sechsjährige war ein Kilometer vom Dorfrand bis zur Ortsmitte eine weite Strecke. „Im Sommer haben wir die Ähren aufgelesen, die liegen geblieben sind, als Futter für

Souvenirs d'enfance

Dans les premiers souvenirs d'enfance de Colette figure « l'histoire des orties ». Elle s'en souvient encore comme si c'était hier, de la douleur que cette plante anodine vous inflige sur tout le corps. « La faute » en revenait à son frère. « Faute », ce mot abstrait, elle l'a ressenti sans ambiguïté dans le temps : le landau dans lequel elle était couchée s'était renversé et son corps entier brûlait. Une fois remise de ce choc, elle ressentit immédiatement la situation inconfortable dans laquelle son frère – le responsable – s'était fourré. La colère de maman lui était assurée ! Maintenant elle se sentait elle-même « fautive » de l'avoir mis dans une telle situation. Elle souffrit même corporellement quand il fut puni impitoyablement par cette mère à la main leste. Inconsciemment, elle ressentait dans son for intérieur, ce lien solidaire entre les frères et sœurs. Ce lien était manifestement plus important que l'amour envers la mère ou les grands-parents, dont nous nous sentons moins proches, s'agissant d'une autre génération. Comme elle l'affirme aujourd'hui, cette solidarité intime dure toute une vie.

Quelques années plus tard, il était question d'une autre mise à l'épreuve de la solidarité fraternelle. Quand il s'agissait de « faire un coup », Colette avait sa place dans l'échelle hiérarchique de la fratrie : en tant que benjamine il fallait qu'elle fasse le guet lorsque l'on chapardait des cerises dans le jardin du voisin. Elle ne savait pas de quoi il en retournait, personne ne lui ayant donné d'explications ! Mais on l'informait très bien de ce qu'il fallait faire en cas d'urgence. Tout cela, elle ne le comprit que bien plus tard. Mais comme beaucoup d'enfants, elle avait cette sensation de peur associée à un sentiment de plaisir, quand le « coup » une fois réussi, ces doux fruits atterrissaient dans sa bouche ! C'est ainsi – et sans que beaucoup de paroles soient nécessaires – que la jeunesse lui apprit certains comportements.

Ce qui s'est profondément imprégné dans le souvenir de Colette, ce sont ces multiples « promenades » en forêt qu'elle faisait avec sa mère et deux autres accompagnatrices, pour ramasser du bois. Cette qualité typiquement féminine, de savoir toujours ce qu'il faut à la famille pour survivre, au moins jusqu'au lendemain, était pour ces femmes une sorte d'instinct viscéral durant ces périodes de privations. La fillette avait une peur bleue du garde-forestier, qu'elle ne connaissait pas et qu'elle n'a jamais vu, mais qui s'incrustait comme un monstre menaçant dans sa fantaisie. Vu le caractère taciturne de sa mère, elle apprit à suivre et à écouter son propre instinct – selon l'évaluation de la situation et des évènements – et à être parée pour le pire.

Aujourd'hui – et par rapport à la génération de ses petits-enfants – elle se demande comment elle a pu surmonter le long chemin qui menait à l'école.

die Hühner", erinnert sie sich an den Zeitvertreib, der sie manchmal spät nach Hause kommen ließ. Damals ahnte sie nicht, dass er sie in Berührung brachte mit ihren späteren Aufgaben als Landfrau.

Der Schulweg ging an den leer stehenden Kasernen vorbei und er war den Kindern immer etwas unheimlich. Bei den Älteren weckte er die Erinnerung an die Schritte und Geräusche von marschierenden Soldaten, die in schicken Uniformen und mit leeren Blicken sich auf ihre Aufgabe konzentrierten. Selbst im verlassenen Zustand strahlten die Mauern etwas Beängstigendes und geradezu Lebendiges aus: Der Eindruck, dass dahinter „irgendwas lief", es war wie ein Rumoren. Und tatsächlich, manchmal kamen dort, halb verschämt, junge Leute heraus. Es wurde gesagt, dass dort hinter den Mauern sich junge Mädchen und Burschen trafen, die „seltsame Dinge" miteinander taten, die als „verboten" galten. Mehr konnte Colette damals nicht darüber in Erfahrung bringen und schon gar nicht verstehen.

Die Familie wohnte in dem sogenannten „Barackenviertel" (cité des baraques). Hier gab es keine Straßennamen, sondern nur „Nummern". Es war eine Art „Ghetto", denn dort lebten alle, die ihre Wohnung durch Bombeneinschläge verloren hatten. Die Siedlung war schnell errichtet: eine Ansammlung aus einfachen kleinen Bretterhütten mit mehreren Räumen. Für jede Wohneinheit gab es am Ende des Gartens ein „cabinet" („Toilettenhüsel"). Daraus ergab sich für die Nacht die zusätzliche Notwendigkeit eines – in Süddeutschland auch unter dem Namen „Potschamberl" (pot de chambre) bekannten Gegenstands – dem Nachttopf. Mit den kleinen angrenzenden Gärten, dem Sportplatz und der Nähe der Felder war das Viertel für Kinder ein richtiges Spielparadies, mit Platz zum Toben und Träumen.

Das Verhältnis zur Mutter

Wie bei vielen Nachkriegsfamilien musste die Frau die Doppelrolle als Mutter und gleichzeitig „Vater" ausfüllen. Das heute mit dem Ausdruck „Ein-Eltern-Familie" belegte Wort war damals das ungewollte Ergebnis von Trennung und Tod infolge von Schlachten, unabhängig davon, ob sie als Erfolg oder Niederlage in die Geschichte eingingen.

Als „Nesthäkchen" hatte Colette innerhalb der Familienstruktur viel Freiraum, denn die größeren Geschwister hatten bereits ihre festen Aufgaben. Die drei Jahre ältere Schwester musste sich täglich um die Großmutter kümmern, die in einer anderen Gasse des Barackenviertels von Drusenheim lebte. Sie sah beide

Pour la fillette de six ans le kilomètre entre le bout du village et son centre était un long trajet. Elle se souvient : « en été nous glanions les épis qui restaient sur les champs pour nourrir les poules », c'était un passe-temps qui la faisait rentrer tardivement. Elle ignorait alors que ce passe-temps serait un jour en rapport avec ses activités de fermière.

Le chemin de l'école passait devant les casernes désaffectées qui avaient un air quelque peu inquiétant. Il rappelait aux plus âgés le souvenir des pas et des bruits de soldats en marche, qui dans de beaux uniformes et le regard vide, se concentraient sur leur travail. Les murs de la caserne, même dans leur état délabré, reflétaient quelque chose d'angoissant et de quasi vivant: on avait l'impression, que derrière ces murs «il se passait quelque chose » c'était comme un bruit étouffé. De temps à autre, effectivement, des jeunes gens plus ou moins honteux, en sortaient. On racontait, que derrière ces murs, des jeunes femmes et des jeunes hommes se rencontraient « pour faire ensemble des choses bizarres » qui étaient « défendues ». Dans le temps, Colette ne put en apprendre davantage et encore moins les comprendre.

La famille habitait dans la « cité des baraques ». Dans ce quartier il n'y avait que des « numéros » mais pas de noms de rues. C'était un genre de « ghetto », où vivaient tous ceux qui avaient perdu leur maison suite aux bombardements. Rapidement construit par un assemblage de planches, ce baraquement comprenait plusieurs petits cabanons en bois constitués de plusieurs pièces à vivre. Chaque baraque avait son « cabinet » (« Toilettenhüsel ») situé dans le jardin. Pour la nuit, il fallait bien entendu être pourvu du fameux pot de chambre, connu également en Allemagne du Sud sous le nom de « Potschamberl ».

Avec les jardinets avoisinants, le terrain de sport et les champs aux alentours, cette cité était pour les enfants un vrai paradis pour les jeux, pour s'amuser, se dépenser et rêver.

Ses rapports avec sa mère

Après la guerre, comme dans beaucoup de familles, la femme était obligée de jouer le double rôle de mère et de « père ». Ce que l'on définit aujourd'hui comme « famille monoparentale » était dans le temps le résultat bien involontaire dû à la séparation et à la mort suite aux combats, et ce, que ce soit du côté des vainqueurs ou celui des vaincus.

En tant que « petite dernière » Colette jouissait de beaucoup de liberté au sein de la structure familiale, les aînés ayant leurs tâches bien définies à remplir. Sa

"so gut wie nie" und konnte deshalb auch kein vertrautes Verhältnis zu ihnen entwickeln; diese Schwester blieb ihr fremd. Umso mehr beobachtete Colette ihre Mutter, wie sie, stumm und ernst, mit entschlossenem Gesichtsausdruck die vielen anfallenden Tätigkeiten mit gleichmäßiger Aufmerksamkeit und Energie fraglos und tapfer bewältigte. „Dieses Allein-machen habe ich mir von ihr abgeschaut", sagt die heute 71-Jährige mit dem festen Gesichtsausdruck. „Es hat mir geholfen, selbstständig zu werden und mich auch auf Fremdes einzulassen, ja auch die Familie zu verlassen, um etwas Neues zu beginnen".

Besonders dankbar ist Colette ihrer Mutter bis heute, dass die resolute Nachkriegsfrau es ihr ermöglicht hat, einen Beruf zu erlernen. „Das war damals nicht selbstverständlich für Mädchen. Ich durfte eine Lehre machen, als Verkäuferin, in einem gut gehenden Bettengeschäft in Strasbourg." Eine wirkliche Auswahl in Sachen Ausbildung gab es damals nicht. Sie war glücklich, überhaupt etwas lernen zu dürfen. In der Tat war das Berufsspektrum für Frauen damals eng. Allein in die Großstadt zu ziehen, wagten viele junge Frauen nicht, und sie erhielten von den Eltern auch nicht immer die Erlaubnis.

Früher Tod der Schwester

Schwer getragen hat Colette an ihrem Weltvertrauen, als ihre anderthalb Jahre ältere Schwester Christiane mit nur fast 13 Jahren starb. Es war kein Ernährungsfehler, sondern vermutlich die Spätfolge eines Unfalls, im Zusammenhang mit einer Infektion. Sie war damals von einem Auto angefahren worden. Es traf die Familie umso unvermuteter, als niemand damit gerechnet hatte. Erst als das Mädchen nach einer schweren Erkältung nicht wieder zu Kräften kam, schickte der Arzt sie in die Klinik. Der Zustand der inneren Organe war zuvor wohl nicht ausreichend überprüft worden.

Colette ist an diesem Schicksalsschlag gewachsen, wie an allem, was ihr in den Weg gelegt wurde. Ihre Lebensweisheit heißt bis heute, dass man an sich selbst und an seinem Schicksal arbeiten kann. Aufgeben kennt sie nicht. Damals wurde ihre Schwester ihr zum großen Vorbild. Ein Stück sollte sie in ihr weiterleben. Sie entwickelte plötzlich großen Ehrgeiz, auch so gelobt zu werden wie die von ihr so Verehrte, welche eine gute Schülerin gewesen war. Fortan kümmerte sich Colette intensiv um ihre Schulleistungen. Das machte sie stark und zielgerichtet bis heute. Ja, jetzt im Alter hilft diese Resolutheit auch ihrem Mann, der nur noch wenig Sehkraft hat und eine umsichtige Frau gut gebrauchen kann. Sie schaut jetzt für zwei, und er kann sich auf sie verlassen.

sœur – son aînée de trois ans – devait s'occuper tous les jours de la grand-mère logée dans un autre quartier de baraques à Drusenheim. Cette sœur et la grand-mère, elle ne les voyait pratiquement jamais, et ne put nouer de ce fait aucun lien de confiance avec elles ; cette sœur lui restât toujours étrangère. Colette observait d'autant plus sa mère qui, parlant peu et avec son air sérieux et décidé, effectuait courageusement et sans rechigner toutes les tâches qui lui incombaient, avec une attention et une énergie constante. Ce « je le fais tout seul » je me le suis approprié, dit la dame âgée à ce jour de 71 ans, avec une mine décidée. « Cela m'a aidé à devenir indépendante, à m'engager pour des choses inconnues, même à quitter la famille et entreprendre quelque chose de nouveau ».

Colette est aujourd'hui encore reconnaissante à sa mère, cette femme d'après-guerre résolue, qui lui avait donné la possibilité d'apprendre un métier. « Ceci n'était pas du tout une « chose normale » pour les filles à l'époque. J'ai pu faire un apprentissage de vendeuse dans un florissant magasin de literie à Strasbourg ». Dans le temps, il n'y avait pas un grand choix en ce qui concernait l'apprentissage. Elle était heureuse d'avoir le droit d'apprendre quelque chose. A l'époque la palette de métiers pour les femmes était restreinte. Beaucoup de jeunes femmes n'osaient pas aller prendre un logement toutes seules dans les grandes villes et les parents ne donnaient pas toujours leur accord.

Décès prématuré de la soeur

La confiance de Colette dans le monde a été fortement ébranlée quand sa sœur Christiane, son aînée d'un an et demi, mourut à l'âge de 13 ans à peine. Ce décès n'était pas dû à la malnutrition mais plutôt aux conséquences d'un accident de voiture. La famille en a d'autant plus souffert car personne ne s'attendait à ce drame. Lorsque des semaines après une infection grave, la jeune fille n'arrivait pas à récupérer ses forces le médecin l'a envoyée à la clinique. Apparemment les organes internes n'avaient pas été suffisamment examinés.

Colette fut confortée par ce revers de fortune comme pour toutes les embûches sur le chemin de sa vie. Sa sagesse jusqu'à ce jour est que l'on peut travailler sur soi et sur son destin. Le renoncement, elle ne connaît pas. Sa sœur fut pour elle un grand modèle et une partie d'elle devait revivre en elle-même. Elle développa soudain une grande ambition, afin de récolter autant d'éloges que celle qu'elle vénérait et qui avait été une bonne élève. Désormais Colette s'occupât intensivement de ses résultats scolaires. Ceci la conforta et lui donna un but précis jusqu'à nos jours. Oui, à présent l'âge arrivant, ce trait de caractère résolu et déterminé

> *Für ihre beiden Enkelkinder (links vorne neben ihr sitzend) und andere Mädchen bindet Colette frische Blumenkränze zu traditionellen Festen in Lichtenau in Baden, 2002.*
>
> *Colette tresse des couronnes de fleurs fraîches pour ses deux petits-enfants (assises à gauche à ses côtés) et d'autres filles, à l'occasion des fêtes traditionnelles de Lichtenau au Pays de Bade en 2002.*

Die eigene Familie

Drei Kinder brachte Colette zur Welt, einen Sohn und zwei Töchter. Mit ihnen ging sie behutsam und feinfühlig um, in einem offenen Erziehungsstil. Sie konnten „über alles" reden. Was Colette bei ihrer Mutter oft vermisst hatte, wollte sie in ihrer eigenen Familie natürlich ausreichend praktizieren. Das führte dazu, dass die jungen Leute zu Hause auch deutlich ihre Meinung vertraten und nach ihren eigenen Vorstellungen leben wollten. Entsprechend ihrer Generation waren sie nicht mehr zu so vielen Opfern und schweren Arbeitsbedingungen bereit, die von ihren Eltern noch wie selbstverständlich erbracht wurden.

Die beiden Töchter suchten sich ihre Welt im Studium und späterem Berufs- und Familienleben. Es freut die beiden „Alten" natürlich, dass der Sohn die elterliche Landwirtschaft übernommen hat und sie bis heute in enger Nachbarschaft miteinander verbunden sind. Der Betrieb selbst hat sich allerdings entsprechend den Zeiten gewandelt und spezialisiert. Gab es auf dem Grundstück hinter dem Haus früher Kühe, Schweine und Hühner, darüber hinaus Feldfrüchte, Tabak und Spargel, so glänzen jetzt Erdbeer-, Himbeer- und Brombeerfelder und zahlreiche Blumenbeete in der Sonne. Einen guten Ruf im Ort beschert der Familie bis heute die Ernte der schmackhaften Zwetschgen, die in kleinen Körbchen reichlich zum Verkauf stehen und sich großer Beliebtheit erfreuen. Auch andere Früchte zeugen von einem alt eingesessenen guten Bestand.

Am meisten freut sich Colette heute darüber, dass ihre Enkelkinder nicht allzu weit entfernt von ihr leben und sie sie so richtig genießen und aufwachsen

rend service à son mari dont la vue est faible et qui apprécie une femme prudente sur laquelle il peut compter. Elle regarde désormais pour deux.

Sa propre famille

Colette mit au monde trois enfants, un fils et deux filles. Elle les éleva avec sensibilité leur donnant une éducation large d'esprit. Ils pouvaient « parler de tout ». Cette complicité qui n'existait presque pas entre elle et sa propre mère, elle voulait la vivre et l'appliquer à sa propre famille. Bien entendu les jeunes gens exprimaient ouvertement leurs propres avis et voulaient vivre selon leur propre idée. Ils correspondaient à leur génération et n'étaient plus enclins à faire trop de sacrifices, ou à subir de pénibles conditions de travail, choses qui étaient encore tout à fait normales pour les parents.

Les deux filles choisirent de faire des études et plus tard de combiner une vie professionnelle avec une vie familiale. Les deux « vieux » sont naturellement contents que le fils ait repris l'exploitation agricole des parents et qu'ils vivent tous jusqu'à ce jour dans un entourage très proche. Au fil du temps, l'exploitation s'est naturellement adaptée à l'époque et elle est fortement spécialisée. Si dans le temps il y avait des vaches, des porcs et des poules ainsi qu'un verger, une plantation de tabac et d'asperges, on peut voir aujourd'hui une plantation de

sehen kann. Die Mädchen, die früher mit ihr Feldblumen gepflückt haben und sich die Blumenkränze von Großmama ins Haar stecken ließen, sind jetzt schon zu jungen Damen herangewachsen. Sie pflegen heute selbst die Bräuche des Ortes und können zu den Festen den beliebten Kopfputz aus Laub und Blumen selbst herstellen.

Ein besonderer Stolz ist der jüngste Enkelsohn, der nicht allzu weit entfernt wohnt und sich auch bei Opa auf dem Arm „pudelwohl" fühlt. Da gilt es für das Ehepaar in der Tat, fit zu bleiben, so gut es nur geht. Für die aktive Großmama ist das keine Schwierigkeit. Ist sie doch von Jugend auf gewohnt, zuzupacken und bei Wind und Wetter innerhalb und außerhalb der vier Wände ihre „Frau" zu stehen.

Colette an ihrem 70. Geburtstag. Ihre Wünsche an die Zukunft: ein Urlaub in der Provence, den PAMINA-Radweg mit dem E-Bike fahren und die Liebe zu ihrer elsässischen Heimat weitergeben, 2015.

Colette à son 70 ième anniversaire en 2015. Ses souhaits pour l'avenir : des vacances en Provence, faire la piste cyclable PAMINA en E-Bike et transmettre l'amour de son Alsace natale.

Der Schritt zum Nachbarland

Mit der frühen Entscheidung, im „Ausland" zu leben, hat sich Colette selbst nie schwer getan. Als sie zum ersten Mal mit der Mutter ihre Verwandten in Deutschland besuchte, war sie bereits 16. Vor der Einrichtung der Fähre war das „Land auf der anderen Rheinseite" für sie allerdings tatsächlich unerreichbar. Kein Fahrrad, ganz geschweige von einem Auto, das sie nicht hatte, hätte sie ans andere Ufer befördern können.

Durch die Ähnlichkeit zwischen den beiden Dialekten (elsässisch und alemannisch) fühlte sie sich nie fremd. Und auch die politisch bedingte Nachkriegssituation war für sie selbst damals kein Thema. Die Problematik lernte sie erst durch das Verhalten der älteren Generation auf beiden Seiten kennen. Sie selbst hat aufgrund ihrer vorurteilsfreien Art daraus nie ein Problem gemacht und sprang jugendlich und unbedarft über dieses Hindernis hinweg – genauso leichtfüßig, wie sie die natürliche Rheingrenze überwand. Damit hat sie offenbar manche jüngere, aber auch ältere Leute in dem kleinen Ort angesteckt.

fraises, de framboises, de mûres et de fleurs dans un environnement ensoleillé. La ferme est réputée pour ses appétissantes prunes – présentées dans de petites corbeilles pour la vente. D'autres fruits témoignent eux aussi d'un verger de qualité bien implanté.

Aujourd'hui, Colette se réjouit le plus du fait que ses petits-enfants vivent à proximité, qu'elle puisse vraiment profiter d'eux et les voir grandir. Les deux fillettes qui dans le temps cueillaient avec elle des fleurs dans les champs pour en faire des couronnes que la grand-mère leur fixait dans les cheveux, sont maintenant des jeunes filles. Elles suivent elles-mêmes les coutumes du village et confectionnent les couronnes faites de feuilles et de fleurs, que les filles portent lors des fêtes.

Le couple est tout particulièrement fier du dernier des petits-enfants qui n'habite pas trop loin et qui se sent aussi à l'aise dans les bras de son grand-père. Pour les grands-parents il s'agit de rester en forme autant que faire se peut. Pour Colette ceci n'est pas une difficulté. Depuis sa prime jeunesse elle est habituée à mettre la main à la pâte et, par vents et marées, que ce soit à l'intérieur ou à l'extérieur de ses quatre murs, à tenir son rôle de femme.

Le « pas » vers le pays voisin

La décision qu'elle avait prise très tôt, de vivre de l'autre côté du Rhin, n'a jamais causé de problème à Colette. Elle avait seize ans, quand, avec sa mère, elle a rendu visite la première fois à leur famille en Allemagne. Avant l'installation du bac, le « pays de l'autre côté du Rhin » était pour elle inaccessible. Ni vélo, ni voiture – que de toute manière elle n'avait pas – ne pouvait la transborder sur l'autre rive.

Vu la ressemblance entre les deux dialectes (alsacien et alémanique), elle ne se sentait jamais à l'étranger. Même la situation politique d'après-guerre n'était pas un sujet à discussion pour elle. Ce n'est que le comportement de la « génération d'avant », des deux côtés du Rhin, qui lui fit comprendre la problématique.

Sprache und Kultur

Als großer Vorteil erweist es sich sicher, dass der Lichtenauer Dialekt mit seinem alemannischen Einschlag dem Elsässischen sehr nahe kommt. Wie viel Elsässisch Colette in ihr dialektales Deutsch mit hineingenommen hat, können wohl nur die Einheimischen aus Lichtenau selbst beurteilen. Ihr Mann meint, es sei „eine gute Mischung". Dabei weist dieser Ort die Besonderheit auf, dass innerhalb des Städtchens der Fluss „Schwarzbach" eine eigene Sprach- und Religionsgrenze darstellt. Wo die Grenzen im eigenen Land so fließend gehandhabt werden, ist offenbar auch Platz für tüchtige Menschen von „driwwe", die sich obendrein auch sprachlich und kulturell assimilieren. Zumindest hat sich diese Offenheit im Laufe der Zeit und auch mit Hilfe von Colettes positivem Beispiel so entwickelt.

„Seit ich über 50 bin, bin ich innerlich „Ditsche" (Deutsche) geworden, auch wenn ich meine Heimat, so nah von hier, immer in mir trage". Mit diesen Worten beschreibt sie ihre Einstellung: *Dort zu Hause sein, wo man lebt, und doch seinen Ursprung nicht vergessen.* Sie wurde damit vielen Menschen in ihrer Region zu erstaunlich frühen Zeiten zum Vorbild. Heute spricht man von „grenzüberschreitenden Bestrebungen", bilingualen Schulzweigen, transnationaler Zusammenarbeit im Ausbildungs- und Beschäftigungsbereich, gemeinsamer Währung, eben davon, ein lebendiges Europa zu bilden.

Aktuell praktiziert man im Grenzgebiet auf elsässischer Seite gern eine Zweisprachigkeit, die sich auf dem Land noch hält. Sie ist ein Privileg der Elsässer im Vergleich mit den Deutschen, für die das Französische eine Fremdsprache darstellt. Dieser Vorteil geht jedoch immer mehr verloren, besonders bei der jungen Generation. In der Grenzregion gibt es deshalb auf beiden Seiten des Rheins Schulen mit einer Option für einen zweisprachigen Zweig.

Die wechselvolle Geschichte des Elsass hat gezeigt, dass man Grenzen überschreiten, Nationalitäten ändern und trotzdem zusammenwachsen kann. Colette ist ein lebendiges Beispiel dafür.

Elle-même – avec sa manière naturelle et sans préjugés – ne se posait pas de questions et franchit de manière juvénile cet obstacle, tout comme la frontière naturelle du Rhin. Avec cette manière d'être elle contamina non seulement des jeunes, mais aussi des personnes plus âgées de sa petite ville.

Langue et culture

Le dialecte de Lichtenau, avec son intonation alémanique, ressemble fort au dialecte alsacien, c'est un grand avantage assurément. Ce ne sont que les autochtones de Lichtenau qui peuvent dire combien « d'alsacien » Colette employait pour s'exprimer en dialecte allemand. Son mari pense que c'est « un bon mélange ». Pourtant, la particularité de Lichtenau est qu'au centre de la ville coule la « Schwarzbach », qui est non seulement une frontière linguistique mais aussi religieuse. Là où s'érigent si facilement des frontières, il y a aussi de la place pour des gens efficaces et travailleurs de « l'autre côté du Rhin », car ils s'assimilent non seulement sur le plan linguistique mais aussi sur le plan culturel. Grâce à Colette, cette ouverture d'esprit a pu se développer ainsi.

« Depuis que j'ai 50 ans, je me sens intérieurement « Allemande » (« Ditsch ») même si je porte ma patrie – non loin de là – toujours en moi ». C'est avec ces mots qu'elle donne son point de vue : *se sentir chez soi là où l'on vit, sans oublier son origine*. Elle fut de ce fait de très bonne heure un modèle pour beaucoup de gens dans sa région. Aujourd'hui on parle « d'effort transfrontalier », d'instruction bilingue, de coopération en apprentissage et emploi, de monnaie commune; tout cela exprime la volonté de former une Europe vivante.

Dans les régions frontalières en l'Alsace, surtout à la campagne, les gens pratiquent volontiers un bilinguisme. C'est un privilège pour les Alsaciens par rapport aux Allemands, pour lesquels la langue française correspond à une langue étrangère. Cet avantage se perd – de plus en plus, surtout pour la jeune génération. Dans la région près de la frontière, il existe pour cela des écoles sur les deux côtés du Rhin, qui offrent aux élèves une section bilingue.

L'histoire instable de l'appartenance de l'Alsace a démontré que l'on peut franchir des frontières et changer de nationalité et tout de même évoluer ensemble. Colette en est un exemple vivant.

ZWEISPRACHIGKEIT ALS GEWINN

Charlotte, geboren 1947 in Emmendingen*
Text von Charlotte Esch über sich selbst

„Es war kein langer, ruhiger Fluss ..."

Seit drei Jahren – und dies nach 49 Arbeitsjahren – bin ich nun im Ruhestand. Was habe ich eigentlich während dieser drei letzten Jahre getan? Nichts Umwerfendes, das ist sicher, nur das ganz gewöhnliche, alltägliche Allerlei. Sehe ich aber alles um mich herum, stelle ich fest, dass ich trotz mindestens zehn Umzügen ein erfülltes Leben hatte.

Ich wurde 1947 in einer französischen Kaserne in Deutschland geboren, als Französin, denn mein Vater war Soldat und in Deutschland stationiert (FFA = forces françaises en Allemagne). Ich bin also die Tochter einer „Misch-Ehe": der Vater Franzose, die Mutter Deutsche. Sie durften nur nach vielen Schwierigkeiten auf dem französischen Konsulat in Freiburg/Deutschland im November 1946 heiraten. So gehöre ich zu der sogenannten „Nachkriegsgeneration".

Meine Familie

Meine ein Jahr ältere Schwester und ich verbrachten unsere Kindheit in diesem deutsch-französischen Klima: einerseits die französische Kaserne und das Militär, andererseits das Familienleben inmitten der Deutschen. Täglich klangen beide Sprachen in unseren Ohren, aber diejenige, die Vorrang hatte, war die deutsche. Mama war deutsch, das Kindermädchen war deutsch und die „Adoptions-Onkel

Die vierjährige Charlotte ist sehr stolz auf ihren Puppenwagen, 1951.

Charlotte âgée de quatre ans est très fière de sa voiture de poupée en 1951.

---

* Siehe auch den Bericht über ihre Mutter Irene im gleichen Buch

LE BILINGUISME EST UN ENRICHISSEMENT

Charlotte, née en 1947 à Emmendingen*
Texte écrit par Charlotte Esch sur elle-même

« Ce n'était pas un long fleuve tranquille… »

Voilà trois ans que je suis à la retraite – après 49 ans de travail – et qu'ai-je fait durant ces trois dernières années ? Rien de renversant, c'est clair, le petit train-train ordinaire ! Mais quand je vois tout ce fourbi autour de moi – malgré une bonne dizaine de déménagements – je ne peux que confirmer que j'ai eu jusqu'à ce jour - une vie bien remplie.

Je suis née en juin 1947, en Allemagne … dans une caserne française. Je suis française car mon père était militaire … stationné en Allemagne (FFA = forces françaises en Allemagne). Je suis la fille d'un « couple mixte » : de père français et de mère allemande. Ils se sont mariés – après moult difficultés – en novembre 1946 au Consulat français de Freiburg/Allemagne. Je suis de la génération dite « d'après-guerre ».

Ma famille

Avec ma sœur, mon aînée d'une année – nous avons passé notre petite enfance dans ce climat franco-allemand : la caserne et les militaires français d'un côté et la vie familiale parmi les Allemands d'un autre côté. Les deux langues résonnaient tous les jours à nos oreilles, mais celle qui primait c'était

---

* Voir l'histoire concernant sa mère Irene, apparue également dans ce livre

und -Tanten" – Besitzer des Hauses, in dem wir Franzosen einquartiert waren – waren auch deutsch. Im Familienkreis sprach Mama Deutsch, Papa Elsässisch und Deutsch gemischt. Wir zwei Mädchen redeten mehr Deutsch als Französisch. Dennoch sind und bleiben wir Franzosen, und das seit 68 Jahren.

Während dieser ganzen Zeit hatte ich immer einen Fuß auf der französischen Rheinseite und den anderen auf der deutschen. Ob in Europa oder Afrika, ich jonglierte mit diesen zwei Einheiten.

Aber gehen wir einmal zurück: Im Jahr 1951 beschloss mein Vater, aus der französischen Armee auszutreten. Der Krieg in und mit Indochina sowie die französisch-algerischen Konflikte führten zu dieser Entscheidung. Er wollte nicht mehr in den Krieg, die Jahre von 1939–1945 reichten ihm vollkommen. Wir zogen also um von Teningen/Baden nach Hunspach/Alsace, dem Heimatdorf von Papa.

Mein Vater ging nun in die Fabrik zum Arbeiten. Er mochte das nicht, den ganzen Tag war er dort „eingesperrt". Er hingegen liebte es, in der frischen Luft zu sein. Ich glaube, er wäre gerne Bauer gewesen. Einige Jahre später, als unser Haus fertig gebaut war, erwarb er ein ziemlich großes Grundstück um dieses herum. Wir hatten nun einen Garten zum Pflanzen, Obstbäume und ein Wäldchen. Es war aber hauptsächlich Mama, die sich darum kümmerte.

Meine Mutter und meine Kindheit

Wir Mädchen gingen nun im Dorf zur Schule, der „Glockenklang" hörte sich nun anders an: Wir mussten Französisch lernen, da wir ja nun in Frankreich waren. Zu Hause sprach Mama Deutsch, die Großtante, bei der wir wohnten, sprach Elsässisch. Außer den Lehrern, die Französisch sprachen – obwohl sie Elsässer waren –, sprachen alle anderen im Dorf Elsässisch. Ich nehme an, dass das Französische ihnen etwas Probleme bereitete. Für uns Kinder – nicht nur für meine Schwester und mich – war Französisch eine Sprache, die wir erlernen mussten, ja fast eine Fremdsprache.

Bei der Großtante, die das Postamt führte, wohnten wir mitten im Dorf, neben der Schule und dem Bürgermeisteramt und dem Dorfplatz mit seinem Restaurant – in der Nähe von Großvater und der Schwester von Papa. Renée, meine ältere Schwester, und ich waren gute Schülerinnen, und Französisch lernen war für uns nicht schwierig. Da Mama kein französisch sprach, schaute die Großtante unsere Hausaufgaben nach. Ich erinnere mich an unseren ersten Schultag, das Erstaunen, als wir die schön geordneten Holzschuhe sahen! Alle

l'allemand. Maman était allemande, la nourrice était allemande, les « oncles et tantes d'adoption » – propriétaires chez lesquels les appartements ou maisons étaient réquisitionnés par l'armée française – étaient allemands ! Dans le cercle familial Maman parlait l'allemand, Papa l'alsacien et l'allemand mélangé, et nous deux, les filles, plus l'allemand que le français. Mais nous sommes françaises depuis 68 ans !

Durant toutes ces années, j'ai toujours eu un pied du côté français du Rhin et un pied du côté allemand. Que ce soit en Europe ou en Afrique: je jonglais avec ces deux identités.

Mais revenons en arrière : En 1951 Papa a décidé de quitter l'armée française – la guerre en Indochine et les conflits franco-algériens l'ont amené à prendre cette décision. Il ne voulait plus partir en guerre, celle de 1939-1945 lui avait amplement suffi ! Nous avons donc déménagé de Teningen en Allemagne pour rentrer à Hunspach, le village natal alsacien de Papa.

Papa est parti travailler à l'usine, ce qu'il n'aimait pas, car il était enfermé toute la journée, alors qu'il préférait être à l'air libre. Je crois qu'il aurait aimé être paysan. D'ailleurs quelques années après, quand notre maison fut construite, il acquit un assez grand terrain autour de la maison pour en faire un jardin, une plantation d'arbres fruitiers et une petite forêt. Mais c'est surtout Maman qui s'occupait de tout cela.

Ma mère et ma jeunesse

Nous les filles, nous sommes parties à l'école du village – le «son de cloche» avait changé – il fallait apprendre le français car nous étions en France. A la maison, Maman parlait en allemand, la grand-tante chez qui nous habitions l'alsacien. A part les instituteurs qui parlaient le français - bien qu'Alsaciens – les villageois ne parlaient que l'alsacien entre eux – je suppose que la langue française leur causait quelque tracas. Pour nous tous - les enfants, et pas seulement pour ma sœur et moi - le français était une langue qu'il nous fallait apprendre, oui, presque une langue étrangère.

Chez la grand-tante qui tenait la poste, nous étions situés en plein milieu du village, à côté de l'école et de la mairie, de la place du village avec son restaurant et à deux maisons de grand-père et de la sœur de Papa. Ma sœur Renée et moi étions de bonnes élèves, apprendre le français ne nous posait pas de problème. Maman ne maîtrisant pas cette langue, c'était la grand-tante qui surveillait les devoirs. Je me souviens de notre étonnement, les premiers jours de classe, en

Kinder kamen in Holzschuhen in die Schule, normale Schuhe waren bestimmt nur für den Sonntag da. Renée und ich, wir hätten auch so gerne ein Paar solcher Holzschuhe besessen! Aber Mama sagte: „NEIN, ihr tragt Schuhe; außerdem verformen Holzschuhe die Füße und man bekommt eine schlechte Haltung davon!" Wir erzählten unser Malheur unserem Opa, der herzensgut, liebevoll und sehr geduldig war. Bei der nächsten Durchfahrt des Wanderverkäufers kaufte er jeder von uns ein paar Holzschuhe. Natürlich durften wir sie nur bei ihm anziehen, Mama sollte nichts davon erfahren! Papa wusste von unserer Geheimniskrämerei mit Opa, und es amüsierte ihn.

Aber nicht nur wegen der Holzschuhe unterschieden wir uns von den anderen Dorfkindern. Mama war ein Mädchen aus der Großstadt – aus Mannheim/Deutschland. Sie hatte eine andere Erziehung genossen als die jungen Frauen vom Dorf, und sie war immer chic! Selbst in einfachen Stoffen wusste sie sich stilvoll zu kleiden. Sie war begabt und nähte uns schöne Kleider und Shorts. Im Dorf nannte man uns deshalb die „Poschtbuwe" (die Buben von der Post), dabei waren wir doch Mädchen! Eines Tages bemerkte Opa zu Mama, dass es im Dorf nicht üblich war, dass die Mädchen Shorts oder Hosen trugen. Mama antwortete ihm, dass sie ihre Mädchen anziehe, wie es ihr gefiele, und nicht, wie es im Dorf üblich sei! Außerdem seien Shorts im Sommer und lange Hosen im Winter viel praktischer. Sie strickte uns damals schon „Strumpfhosen", was noch vollkommen unbekannt war. Sie hätte ihre Strickerei patentieren lassen sollen!

Ein weiterer Unterschied zwischen uns und den anderen Kindern zeigte sich in der Erziehung. Wenn wir Erwachsene grüßten, z.B. die Lehrer, den Pastor, den Bürgermeister oder Gäste unserer Eltern – mussten wir den sehr germanischen „Knicks" machen. Eine Kniebeugung, wegen der sich die andern über uns lustig machten. Das störte uns sehr, da wir die einzigen waren, die das taten und tun mussten. Meinen letzten Knicks machte ich mit 14 an meiner Konfirmation…

Meine Kindheit war wie die der anderen Kinder meines Alters: Schule, dann Hausaufgaben. Danach durften wir ein wenig spielen, denn wir mussten ja auch Mama beim Haushalt helfen und auf die jüngeren Geschwister aufpassen. Mama war sehr strikt, wir hatten eine relativ strenge Erziehung. „Wer liebt, der züchtigt!", so ihr Leitspruch. Demnach muss sie uns sehr geliebt haben, immer nach dem Motto: „Wer nicht hören will, muss fühlen…".

voyant toute cette rangée de sabots bien alignés ! Les enfants venaient tous en sabots à l'école, les chaussures étaient certainement réservées au dimanche ? Renée et moi, nous mourrions d'envie d'en avoir une paire nous aussi ! Mais Maman a dit : « NON, vous portez vos chaussures, les sabots déforment les pieds et donnent de mauvaises habitudes quant à la démarche ! ». Nous sommes parties raconter notre malheur à « Opa », c'était un grand-père adorable, d'une douceur, d'une gentillesse et d'une patience sans pareil. Au prochain passage de la charrette du vendeur ambulant, il nous acheta des sabots. Inutile de dire que nous n'avions le droit de les porter que chez lui, Maman ne devait pas être mise au courant ! Mais Papa savait et nos cachotteries avec Opa l'amusaient.

Mais ce n'est pas seulement à cause des sabots que nous nous différencions des autres enfants du village. Maman était une fille de la ville – elle venait de Mannheim / Allemagne – elle a eu une autre éducation que les jeunes femmes du village et surtout elle était toujours chic ! Même avec une simple étoffe, elle savait s'habiller et avait de l' allure ! Elle était habile et nous confectionnait de belles robes et des shorts. On nous appelait les « poschtbuwe » (les garçons de la poste) alors que nous étions des filles ! Opa fit un jour la réflexion à maman qu'au village il n'était pas usuel que des filles portent des culottes courtes ou des pantalons. Maman lui a répondu gentiment qu'elle habillait ses filles comme elle l'entendait et non à « la coutume du village » et que c'était beaucoup plus pratique de porter des shorts en été et des pantalons en hiver. D'ailleurs elle nous tricotait aussi des « collants » – chose qui ne se portait pas du tout dans le temps. Elle aurait dû faire patenter son tricot !

Ce n'était pas seulement l'habillement qui nous distinguait des autres enfants, mais aussi l'éducation. Pour dire « bonjour » aux instituteurs, au pasteur, au maire ou aux invités des parents, il fallait faire le très germanique « Knicks » une génuflexion, ce qui faisait ricaner les autres et nous gênait énormément, car nous étions les seules à le faire et à devoir le faire. Mon dernier « Knicks » je l'ai fait à 14 ans, le jour de ma confirmation…

Ma jeunesse est identique à celle de tous les enfants de mon âge : école puis devoirs. Après nous avions le droit de nous amuser un peu, car il fallait aussi aider maman dans les tâches ménagères, surveiller les petits frères et sœurs. Maman était très stricte et nous avons eu une éducation relativement sévère. « Qui aime bien, châtie bien ! »…. je crois qu'elle nous a beaucoup aimés, toujours avec la maxime « Wer nicht hören will, muss fühlen !» (Celui qui ne veut pas entendre, doit subir.)

Opa, eine wichtige Person in meinem Leben

Sobald wir uns von zu Hause davon machen konnten, gingen wir zu Opa und Gretel, der Schwester von Papa. Es ist schon bemerkenswert, dass wir gerade bei Opa beim Entziffern der „Dernières Nouvelles d'Alsace", der lokalen, deutsch geschriebenen Zeitung, das Deutschlesen lernten. Er fragte uns auch immer, was wir so in der Schule durchnahmen. Wir erzählten ihm alles, und er nickte bejahend mit dem Kopf. Eines Tages sagten wir ihm, dass wir etwas über „Charlemagne", den großen Kaiser, gelernt hätten. Da sagte er in einem nicht sehr zufrieden klingenden Ton: „Charlemagne, Charlemagne, Charlemagne! Was für einer ist denn das schon wieder? Wir haben wenigstens reelle und wichtige Sachen in der Schule gelernt, zum Beispiel von 'Karl dem Großen' und keine Geschichten über einen 'Hampelmann', den noch nicht mal Adam und Eva kennen!" So wirkten sich manchmal sprachliche Missverständnisse aus…

Opa war eine „Insel des Friedens". Wir durften ihm alle Fragen stellen, er gab immer gelassen, lieb und geduldig Antwort. Eines Tages erzählte er auf unseren Wunsch vom Ersten Weltkrieg 1914–1918. Damals musste er als deutscher Soldat kämpfen, da er 1885 geboren und das Elsass damals wieder einmal deutsch war. Er machte sich in netter Weise über die französische Armee lustig, die wegen ihrer roten Federn auf den Kepis für die Soldaten schon von Weitem zu erkennen war. Aber an dem Tag, als ich Verdun besuchte und sah, in welch schwierigem Gelände er in diesem Krieg hatte kämpfen müssen, lief es mir kalt den Rücken herunter. Die historische Realität war eben ganz anders.

Politik und Sprache

Zu Hause war der Sender auf „Radio Stuttgart" eingestellt. Die Eltern hörten die Nachrichten nur von dieser Station. Wir wussten immer über alles, was in Deutschland vorging, Bescheid, aber was in Frankreich passierte, lasen wir in der Tageszeitung. Im Familienkreis oder bei Tisch hörte man in der Regel immer wieder sagen: „Weißt du noch, vor dem Krieg war es so, während dem Krieg so und jetzt ist es so". Es war ein immerwährender Wechsel für uns Elsässer!

In der Zwischenzeit waren wir erwachsen geworden und die Familie hat sich mit drei weiteren Kindern – in Frankreich geboren – vergrößert. Französisch war keine Fremdsprache mehr, in der Schule gab es ein striktes Verbot, Elsässisch zu sprechen. Wenn wir dabei ertappt wurden, wurden wir bestraft. Dies war ein Dekret von der Regierung, und es galt nicht nur für das Elsass, sondern auch für die Bretagne, das Baskenland und andere Regionen in Frankreich, die ihre eigenen

«Opa», une personne importante dans ma vie

Dès que nous pouvions nous sauver de la maison, nous allions chez Opa et Gretel (la sœur de Papa). C'est bizarrement chez Opa que nous avons appris à lire l'allemand en essayant de déchiffrer les DNA (Dernières Nouvelles d'Alsace), le quotidien en langue allemande. Il nous demandait souvent ce que nous avions fait ce jour-là à l'école. On lui racontait et lui, il hochait la tête. Un jour, je lui ai dit que nous avions parlé du grand empereur Charlemagne. Là, pas très content, il rétorqua : « Charlemagne, Charlemagne, Charlemagne ! C'est qui celui-là ? Nous, à l'école on apprenait des choses réelles et importantes comme « Karl der Grosse » (Charles-le-Grand) et non pas des histoires sur un guignol «qui n'est connu ni d'Adam ni d'Eve !». C'est ainsi que se manifestaient parfois des malentendus d'une langue à l'autre.

Opa, c'était un havre de paix à lui tout seul. On pouvait lui poser toutes les questions qui nous traversaient l'esprit, il répondait toujours et avec énormément de patience et de gentillesse. Un jour il nous raconta – sur notre demande – la guerre de 1914–18 où il était enrôlé comme soldat allemand, puisqu'il était né en 1885 – période où l'Alsace était à nouveau allemande. Il se moquait gentiment des soldats français avec leurs képis rehaussés de plumes rouges que l'on voyait de loin. Mais le jour où j'ai eu l'occasion de visiter Verdun, de voir où il a crapahuté durant la Première Guerre mondiale, la réalité historique était toute autre et elle m'a fait froid dans le dos !

Politique et langue

A la maison, le poste de radio était réglé sur « radio Stuttgart ». Mes parents n'écoutaient les infos que depuis cette station. On savait toujours tout ce qui se passait en Allemagne alors que les nouvelles sur la France, on les apprenait dans les DNA. En règle générale, dans toutes les discussions familiales à la maison et à table il y eut toujours à un moment donné l'interjection : « tu te souviens, avant la guerre il y avait…… pendant la guerre il y avait…. et maintenant il y a….. » C'était un changement perpétuel pour nous les Alsaciens.

Entre-temps nous avons grandi et la famille s'est elle aussi agrandie de trois autres enfants, tous nés en France. Le français n'était plus une langue étrangère et à l'école il y avait interdiction formelle de parler l'alsacien. Si on nous y prenait, nous étions punis et sanctionnés. Il me semble même que c'était un décret gouvernemental, cette interdiction de parler les langues régionales, il n'y avait pas que nous, mais aussi les Bretons, les Basques et autres régions de France

Sprachen hatten. Heute wird wieder alles getan, damit die Kinder in der Schule ihre Regionalsprache erlernen, die meist schon ihre Eltern nicht mehr kennen.

Erstaunlicherweise fiel damals der Katechismus nicht unter dieses Verbot. Die Bibel, unser Gesangbuch, das Katechismus-Handbuch: Alles war auf Deutsch, Bibel und Gesangbuch sogar noch in einer alten deutschen Schrift. Wir mussten alles auswendig lernen und alles auf Deutsch schreiben. Manchmal verstanden wir gar nicht, was wir lernten oder schrieben! Der Gottesdienst war auch auf Deutsch und unsere Konfirmation natürlich auch.

Schön ist die Jugend

Nach der Konfirmation durften Renée und ich tanzen gehen. Das Tanzen haben uns die Eltern sonntags, nach dem Mittagessen, beigebracht. Der deutsche Sender „Deutschlandfunk" strahlte damals eine Stunde lang Volksmusik aus. Da wurde der Küchentisch beiseite geschoben und die Eltern lehrten uns Marsch, Walzer und Tango tanzen.

Renée und ich wurden auf das Gymnasium geschickt. Es war damals noch nicht die Regel, dass die Kinder ins Collège (eine Art Realschule) oder aufs Gymnasium gingen. Mit 14 Jahren – nach dem Abschluss der Grundschule – wurde man gewöhnlich in die Lehre geschickt. Unsere Eltern wollten, dass wir die Handelsschule besuchten, die Wirtschaft war wieder im Aufschwung. Wir hätten so die Wahl bei der Suche nach einem Arbeitsplatz.

Auf Stellensuche

Meine erste Stelle war in einer französisch-holländischen Samenfabrik, wo ich als Büroangestellte arbeitete. Es gefiel mir dort nicht und ich blieb nur acht Monate. Am Tag nach meiner Kündigung wurde ich in einer frisch etablierten deutsch-französischen Firma eingestellt, nur sechs Kilometer vom Dorf entfernt. Hier war die Tätigkeit interessanter, vielfältiger und wertvoller. Ich war kaum 17 Jahre alt und man vertraute mir schon verantwortungsvolle Arbeiten im Sekretariat und in der Buchhaltung an – auf Französisch und auf Deutsch! Ich blieb knapp fünf Jahre. Es gab keine Aufstiegsmöglichkeiten mehr, und ich spürte, dass ich Abwechslung brauchte. Wir schrieben das Jahr 1970, und ich wollte nicht in einem Alltagstrott versinken.

Auf der Suche nach etwas anderem habe ich mich als „diakonische Helferin" engagiert. Diese Funktion gibt es, meines Wissens, nicht in Frankreich. Man

qui avaient leur propre langue. Aujourd'hui tout est fait pour que les enfants réapprennent leur parler régional à l'école, car souvent les parents ne connaissent plus la langue de leur coin d'origine.

Toujours est-il que le catéchisme, lui, échappait bizarrement à cette règle. Notre bible, notre livre de cantiques, notre manuel de catéchisme : tout était en allemand. Bible et livre de cantiques en écriture « gothique ». Il fallait tout apprendre par cœur et tout écrire en allemand. Parfois on ne comprenait même pas ce que nous apprenions ou écrivions ! Le culte aussi était en allemand et bien entendu notre confirmation également.

Vive la jeunesse

Après la confirmation, nous avions le droit d'aller danser. C'est Papa et Maman qui nous donnaient des « cours de danse » le dimanche après le repas de midi. Le « Deutschlandfunk » diffusait dans le temps et durant une heure de la musique folklorique et les parents nous initiaient alors – dans la cuisine où la table était mise de côté – à la valse, à la marche et au tango.

Renée et moi nous avons été envoyées au lycée. Ce n'était pas encore une règle générale que tous les enfants aillent au collège ou au lycée. A 14 ans – après le certificat d'études primaire – on sortait de l'école et en général les parents plaçaient les enfants en apprentissage. Nos parents voulaient que nous fassions des études de commerce – la reprise économique était là – ainsi, nous aurions le choix d'un emploi.

A la recherche d'emploi

Mon premier emploi : employée de bureau dans une graineterie franco-hollandaise. Je ne m'y plaisais pas et ne suis restée que huit mois. Le jour après ma démission, je fus engagée dans une société franco-allemande qui était juste en train de s'établir à six kilomètres de mon village. Là, le travail était plus intéressant, plus varié et surtout beaucoup plus valorisant. Je n'avais que 17 ans mais on m'a de suite confié des travaux à responsabilités dans le secrétariat et en comptabilité, en français et en allemand. J'y suis restée presque cinq ans. Il n'y avait plus de possibilités d'avancement et je ressentais le besoin de bouger. Nous étions en 1970 et je ne voulais surtout pas être confinée une vie entière dans un train-train !

Après quelques recherches, je me suis engagée comme « diakonische Helferin », cette fonction – je crois – n'existe pas en France. Cela veut dire « travailler

arbeitete freiwillig, ohne Gehalt beziehungsweise nur für ein Taschengeld von damals 100 DM im Monat, für die Kirche. Ich wurde vom „Diakonischen Mutterhaus Kinderheil" auf die Nordseeinsel Norderney geschickt. Ich erlebte sie als eine wunderschöne Insel, an die ich heute noch mit Freude und Glücksgefühlen zurückdenke.

Ich befand mich dort in einem riesigen Kinderkrankenhaus mit ungefähr 20 großen Gebäuden aus roten Backsteinen – typisch für fast alle Häuser auf der Insel – und wurde auf die Kinderstation zu den Frühchen und Säuglingen abgeordnet. Meine Aufgabe war es, Babys zu baden und zu wiegen, Windeln zu wechseln, Medikamente zu verabreichen, die Eltern zu empfangen und schließlich: Deutsch zu sprechen. Das war nun etwas ganz anderes als Sekretariat und Buchhaltung und gefiel mir sehr.

Deutsch-französische Verständigung

Ich dachte, ich könnte richtig Deutsch sprechen, aber die Deutschen – und es gab dort nur Deutsche – schauten mich ganz komisch an, sobald ich den Mund aufmachte, und fragten sich wohl, wo ich um Himmels Willen denn herkam. Ich konnte kein „normales" Deutsch, ich sprach nur ein „germanisiertes Elsässisch". Als ich den ersten Sprachschock überstanden hatte, bat ich die Menschen um mich herum, jedes Wort und jeden Satz, den ich sagte, zu korrigieren. Nach vier bis fünf Monaten war mein Deutsch fast perfekt. Die Neuankömmlinge merkten nicht, dass ich Französin war. Ich war eigentlich die einzige Französin auf der Insel und wurde sehr schnell von den Einheimischen „geschult". Ich pfiff und hatte die Hände in den Taschen, wenn ich durch das Krankenhaus oder die Straßen ging. „Das macht man nicht!", wurde mir gesagt. Ich begrüßte alle Menschen mit „bonjour!" Perplexe Blicke waren die Antwort. Als Gruß sagt man in Norderney „höö" – ein komisches Gegurgel, das über die Kehle fast von den Eingeweiden heraufkommt. Ich blieb bei meinem „bonjour" oder „hello".

Das gesamte Personal des Krankenhauses wurde damals von einer Kongregation evangelischer Schwestern, einem Pastor und einem Verwalter für das Personal geleitet. Die Verantwortung für den medizinischen Teil und die Ausstattung lagen in den Händen eines Chefarztes. Hier wurden ca. 300 Kinder im Alter von nur wenigen Monaten bis 15 Jahren aus ganz Deutschland versorgt. Sie litten unter Bronchitis, Asthma oder Hautkrankheiten und blieben meistens drei Monate im Krankenhaus auf der Insel. Das Personal in der Verwaltung, im medizinischen Bereich und für die Instandhaltung umfasste ungefähr 130–140 Personen.

en diaconie », du bénévolat pour l'église donc non rémunéré, à part un peu d'argent de poche mensuel de 100 DM. J'ai été envoyée par la Maison Mère « Diakonisches Mutterhaus Kinderheil » à Norderney, la plus grande des îles frisonnes. Une île merveilleuse à laquelle je pense encore aujourd'hui avec beaucoup de joie et de bonheur.

Je me suis retrouvée dans un immense hôpital pour enfants – constitué d'une bonne vingtaine de gros bâtiments en briques rouges – comme pratiquement tous les bâtiments sur l'île – et j'ai été affectée au service des prématurés et des nourrissons. Voilà qui changeait du secrétariat et de la comptabilité : changer les couches, baigner et bercer les bébés, administrer des médicaments, accueillir les parents et…parler en allemand. Tout cela me plaisait beaucoup.

Entente franco-allemande

Je pensais bel et bien parler l'allemand, sauf que les Allemands – et il n'y avait que des Allemands – me regardaient d'un drôle d'air dès que j'ouvrais la bouche et se demandaient d'où je pouvais bien sortir ! J'étais incapable de parler l'allemand correctement, je ne parlais qu'un « alsacien germanisé ». Le premier choc linguistique passé, je demandais à tous ceux qui me côtoyaient de corriger chaque mot ou phrase que je disais. Au bout de quatre ou cinq mois, mon allemand était pratiquement parfait, les nouveaux arrivants ignoraient que j'étais Française. J'étais d'ailleurs la seule Française sur toute l'île et très vite j'ai été répertoriée par les autochtones. Je sifflais et j'avais les mains dans les poches en parcourant l'hôpital ou les rues de la ville. « Cela ne se fait pas », me disait-on. Et je disais « bonjour » à tout le monde : regards ahuris ! A Norderney on dit « höö », un genre de gargouillis guttural qui vous sort du fond des tripes ! Je n'ai jamais adopté cette manière de saluer et suis restée fidèle à mon « bonjour » ou « hello ».

L'hôpital était géré par une congrégation de sœurs protestantes, d'un pasteur et d'un administrateur pour tout le personnel, ainsi que d'un médecin-chef pour tout ce qui relevait de la médecine et le staff médical bien entendu. Il y avait environ 300 enfants – venant de toute l'Allemagne – âgés de 0 à 15 ans souffrant de bronchite, d'asthme, de maladies de la peau, qui restaient en général hospitalisés trois mois sur l'île. Le personnel médical, administratif et d'entretien représentait environ 130 à 140 personnes.

Au bout de cinq mois de travail auprès des enfants, le pasteur me demanda d'aller travailler au secrétariat médical où des piles de dossiers s'accumulaient, car

Nach fünf Monaten bei den Kindern bat mich der Pastor, im Arztbüro zu arbeiten, wo sich die Krankenakten stapelten, da die Sekretärinnen und auch das übrige Personal meistens nur in den Sommermonaten auf der Insel bleiben wollten. Von der Freiwilligenarbeit wurde ich nun zur „Angestellten" und war gut im „deutschen System" integriert. Sprachlich bereiteten mir nur die Ziffern Probleme, die ich erst auf Französisch umsetzen musste. Da die medizinische Terminologie auf Latein ist, wusste ich immer gleich, um was es ging. Sehr rasch nahm mich der Chefarzt unter seine Fittiche. Als einzige Französin des Hospitals und der Insel wurde ich Chefarzt-Sekretärin. Dies ging natürlich nicht ohne ein gewisses Zähneknirschen innerhalb des Sekretariats. Von einer Diakonissin wurde ich sogar als „Gastarbeiter" betitelt. Aber meine Arbeit erledigte ich sehr gewissenhaft, mit Freude und Humor.

Der Sprung nach Afrika

Fünf Jahre blieb ich auf Norderney. Am Ende des vierten Jahres benachrichtigte ich den Professor, dass ich mich um einen Posten im „Ausland" bewerben wollte. Ich sagte „Ausland", weil ich mich in Deutschland nicht als Fremde fühlte. Das „Comité Dr. Albert Schweitzer" suchte eine Sekretärin und Buchhalterin mit Erfahrung im medizinischen Bereich, und sie sollte zweisprachig sein: deutsch-französisch. Ich bewarb mich bei einer Organisation für die Vermittlung nach Übersee. Sie kontaktierten mich und drei Tage später gab ich ihnen meine Zustimmung, im Hospital in Lambarene in Gabun zu arbeiten, und dies, obwohl ich kurz zuvor schon einen Vertrag für Kinshasa unterzeichnet hatte.

Da war ich nun, im September 1974 im „Albert-Schweitzer-Hospital". Es bedeutete für mich eine komplette Kehrtwende um 180 Grad! Schon bei der Ankunft in Libreville, der Hauptstadt, als die Türen des Flugzeugs geöffnet wurden, wurde man von der Feuchtigkeit befallen, die sich wie Pomade auf der Haut anfühlte! Und dann dieser Geruch, undefinierbar! Am Tag darauf dann die Weiterreise nach Lambarene. Das war nicht mehr die flotte Boeing 747 der Swissair, sondern ein DC4 mit wackelnden Sitzen und riesigen Ventilatoren als Klimaanlage.

Meine Aufgabe bestand aus administrativer und medizinischer Sekretariatsarbeit, Übersetzungen ins Deutsche oder Französische und ein wenig Buchhaltung. Aber egal, welchem Bereich wir zugeordnet waren, wir mussten da helfen, wo „Not am Mann oder an der Frau" war. So war ich im Operationssaal, als Krankenwagen-Fahrerin oder auch mit dem Lastwagen unterwegs, um z.B. einen Verstorbenen in sein Dorf zurückzubringen…

les secrétaires – le reste du personnel d'ailleurs aussi – ne voulaient rester sur l'île que durant la période estivale. De « bénévole » je devins « employée » et j'étais parfaitement intégrée au « système allemand ». Il n'y avait que les chiffres qu'il me fallait d'abord traduire mentalement en français. La terminologie médicale étant en latin, je sus de suite de quoi il retournait. Très vite le médecin-chef me prit « sous son aile ». Je devins donc secrétaire en chef, moi, la seule Française de l'hôpital et de toute l'île ! Cela engendra bien sûr quelques grincements de dents au sein du secrétariat. J'ai même été nommée avec mépris par une des sœurs protestantes de « Gastarbeiter » (travailleur immigré). Mon travail, je l'ai fait avec énormément de conscience mais aussi avec joie et humour.

Le pas vers l'Afrique

Je suis restée cinq ans à Norderney. C'est au bout de la quatrième année que j'ai averti le professeur de ma recherche d'un emploi à l'étranger. Je dis « étranger » car en Allemagne je ne me sentais pas à l'étranger. … Le Comité d'Albert Schweitzer était en quête d'une secrétaire-comptable-médicale bilingue français-allemand. Ma candidature était déposée auprès des organismes de recrutement pour l'outre-mer. Ils m'ont contactée et trois jours après – alors que j'avais signé un contrat pour Kinshasa – je leur donnais mon accord pour partir à Lambaréné à l'Hôpital du Dr. Albert Schweitzer.

Me voilà donc, en septembre 1974, au Gabon. C'était le dépaysement complet, mais vraiment complet ! Déjà en arrivant à Libreville, la capitale, dès que les portes de l'avion se sont ouvertes, c'est l'humidité qui vous tombe dessus comme une couche de pommade. Et cette odeur, indéfinissable… Puis le voyage à Lambaréné le jour d'après. Ce n'est plus le 747 nickel de la Suisse Air mais un DC4 avec des sièges branlants et de gros ventilateurs au plafond en guise de climatiseurs.

Mon travail consistait à m'occuper du secrétariat administratif et médical, un peu de la comptabilité et de traduction français-allemand. Mais qui que nous fussions, il fallait mettre la main à la pâte, là où il y avait défaut. C'est ainsi que je me suis retrouvée en salle d'opération, comme ambulancière ou à rapatrier un défunt en camion dans son village.

Nous n'avions ni eau courante, ni électricité. Oh bonheur : il y avait deux douches et deux toilettes rustiques pour le personnel blanc. Le soir, c'est-à-dire à partir de 18 heures, c'était la lampe tempête qui nous éclairait, les réfrigérateurs – offerts par les russes – fonctionnaient au pétrole. Au bureau ce n'était pas très

Charlotte mit ihrem Bräutigam Elie.
Auf dem Hochzeitsfoto ist sie 31 Jahre alt, 1978.

Charlotte avec son époux Elie, elle a 31 ans.
Photo de mariage en 1978.

Wir hatten kein fließendes Wasser und keinen Strom. Zum Glück gab es aber zwei rustikale Toiletten und Duschen für das weiße Personal. Abends, das heißt ab 18 Uhr, wenn es schon dunkel war, spendete uns die Petroleumlampe Licht. Die Kühlschränke, ein Geschenk der Russen, funktionierten mit Petroleum. Im Büro war es auch nicht ganz einfach, denn mit der täglichen Luftfeuchtigkeit (90%) sah das Papier aus wie nicht gebügelter Stoff. Wir hatten ein Radio, also einen Sender, mit einer einzigen Frequenz. Jeden Morgen um 9 Uhr wurde mit der deutschen Botschaft in Libreville gefunkt. Ich saß am „Schalthebel". Das weiße Personal im Hospital bestand aus ca. 30 Personen, das waren Schweizer, Holländer, Deutsche und Franzosen. Die Arbeit unter dem tropischen Klima war anstrengend, es kam manchmal vor, dass wir vor Erschöpfung einfach heulten!

Nach dem zweijährigen Arbeitsvertrag im Hospital von Lambarene wurde ich als Sekretärin für den Deutschen Botschafter in Libreville/Gabun engagiert. Das war eine ganz andere Welt: Luxus, Klimaanlagen, Strom, fließendes Wasser. Fertig das Buschleben und Rückkehr in das 20. Jahrhundert! Das war ein wunderbarer Job. Nach 18 Monaten dieses schönen Lebens verlangte der Botschafter leider seine Versetzung nach Kuala Lumpur. Das Auswärtige Amt in Bonn bat mich, ihn zu begleiten, aber ich wollte nicht nach Indonesien und musste daraufhin leider kündigen.

Ein großes deutsches Ingenieurbüro stellte mich sofort ein und ich blieb acht Jahre bei dieser Firma als Sekretärin, Buchhalterin und Übersetzerin. In dieser Zeit heiratete ich einen ehemaligen Arbeitskollegen von Lambarene, aus Gabun stammend, und wir bekamen 1980 einen Sohn, der – sieben Jahre später – mit mir nach Frankreich zurückkehrte.

simple non plus : avec l'humidité ambiante (90 %) le papier ressemblait à du chiffon non repassé. Mais nous avions une radio et c'est moi qui étais aux commandes. Une liaison avec une seule fréquence : tous les matins à 9 heures avec l'Ambassade d'Allemagne à Libreville. Le personnel expatrié blanc – une trentaine – était composé de Suisses, de Hollandais, d'Allemands et de Français. Sous le climat tropical, le travail était éprouvant, il nous arrivait bien souvent de pleurer d'épuisement !

Après les deux ans de contrat à l'Hôpital de Lambaréné, j'ai été engagée comme secrétaire pour l'Ambassadeur d'Allemagne à Libreville/Gabon. C'était un autre monde : le luxe, l'air conditionné, l'électricité, l'eau courante : finie la vie de brousse et retour au XXème siècle ! C'était un job béni et très intéressant. Malheureusement, après 18 mois de cette belle vie, l'Ambassadeur demanda sa mutation pour Kuala Lumpur. Le Ministère des Affaires Etrangères de Bonn me demanda de l'accompagner mais je ne voulais pas partir en Indonésie et j'ai dû démissionner.

C'est un grand bureau d'études et d'engineering allemand qui m'engagea ensuite comme secrétaire-comptable et traductrice et j'y suis restée huit ans. Entre-temps, je me suis mariée avec un ancien collègue de Lambaréné, gabonais, et en 1980 nous avons eu un fils qui est rentré avec moi en France en 1987.

Zurück in der Heimat

Die Rückkehr nach Frankreich war schwer und Gabun fehlte mir sehr. Meine erste Arbeit in Europa fand ich in Pfalzgrafenweiler im Schwarzwald. Mein Sohn Gautier wurde in Haiterbach in einer Pilot-Schule eingeschult. Er verstand nur Französisch und Elsässisch, ganz wenig Deutsch. Die Diktate schrieb er in französischer Phonetik. Natürlich verstand die Lehrerin überhaupt nichts von dem, was er da schrieb. Wir fuhren nur am Wochenende nach Hause ins Elsass, und dies im Winter nicht regelmäßig. Für Gautier und für mich waren diese Länder- und Sprachenwechsel zu mühsam. So zogen wir nach 18 Monaten wieder zurück ins Elsass, nach Soultz-sous-Forêts. Die Arbeitssuche erwies sich danach als sehr schwierig und frustrierend. Einmal arbeitete ich in Deutschland (Rastatt oder Karlsruhe), ein anderes Mal im Elsass, immer bei deutschen Firmen. Dazwischen gab es immer wieder Zeiten von Arbeitslosigkeit.

Und welche Sprache und Umgebung prägt mich heute?

Zu Hause sprachen wir Elsässisch. Mama wurde wütend, wenn wir Kinder untereinander Französisch sprachen: Sie hat sich nie Mühe gegeben, diese Sprache zu erlernen. Aber ich denke, dass sie mehr verstand, als sie zugeben wollte. Heute verständigen wir uns in einem lustigen Mix aus Französisch und Elsässisch. Deutsch reden meine Geschwister und ich ganz selten und nur, wenn es unbedingt nötig ist.

Meine ältere Schwester Renée wohnt in der Schweiz bei Genf, mein Bruder Marcel in Divonne, Christiane in Hunspach im Elternhaus und Jean-Georges, der Jüngste, in Wissembourg. So blieben die meisten von uns ihrer Heimat treu. Die ältere Schwester unserer Mutter hatte damals auch einen Franzosen geheiratet, und ihre Familie wohnte ebenfalls im Elsass. Die beiden Brüder von Mama starben jung: Der eine 1952 als Legionär im Krieg gegen Vietnam. Der andere wurde ein paar Jahre später tot auf dem Rheinufer von Mannheim gefunden. Von der vorhergehenden

Der Sohn Gautier kümmert sich liebevoll um Charlotte, die hier gerade 65 Jahre alt geworden ist, 2012.

Son fils Gautier est très attentionné avec Charlotte, qui vient d'avoir 65 ans en 2012.

De retour dans mon pays natal

Le retour en France a été difficile et le Gabon me manqua énormément. Mon premier engagement en Europe a été en Forêt-Noire à Pfalzgrafenweiler. Mon fils Gautier fut scolarisé à Haiterbach dans une école pilote. Il ne comprenait que le français et l'alsacien mais très difficilement l'allemand. Les dictées, il les écrivait phonétiquement en français. Inutile de préciser que la maîtresse n'y comprenait rien du tout. Nous ne rentrions en Alsace qu'en fin de semaine et pas toujours en hiver. C'était vraiment trop pénible pour nous deux et après 18 mois nous revînmes définitivement en Alsace, à Soultz –sous-Forêts. La recherche de travail se révéla très pénible et frustrante. Une fois je travaillais en Allemagne (Rastatt ou Karlsruhe), une autre fois en Alsace, toujours pour des firmes allemandes, le tout souvent entrecoupé de périodes de chômage.

Quelle langue et quel paysage m'imprègnent aujourd'hui ?

A la maison, nous parlions l'alsacien. Et maman rageait lorsque nous, les enfants, nous parlions en français entre nous : elle n'a jamais fait l'effort d'apprendre cette langue, mais je pense qu'elle en comprenait plus qu'elle ne voulait l'admettre. Nous nous exprimons encore aujourd'hui dans un joyeux mélange de français et d'alsacien. L'allemand, nous ne le pratiquons plus qu'en de rares occasions.

Mes frères et sœurs : Renée l'aînée vit en Suisse tout près de Genève, Marcel à Divonne, Christiane à Hunspach dans la maison paternelle et Jean-Georges, le plus jeune, à Wissembourg. Presque tous restaient donc fidèles à leur patrie. La sœur aînée de maman avait, elle aussi, épousé un Français, la famille vivait donc également en Alsace. Des deux frères de maman, l'un est parti très jeune à la Légion Etrangère et il est tombé en 1952, lors de la bataille de Dien

Generation lebt heute nur noch die Schwester von Papa mit ihren 88 Jahren. Sie wohnt nach wie vor in Hunspach.

Freunde habe ich in verschiedenen Ländern. Besonders die, die ich in Afrika kennengelernt habe, die mir in schwierigen Momenten geholfen und mich unterstützt haben, treffe ich heute noch. Dank dem PC konnte ich auch andere Freunde aus Gabun wiederfinden. Was für ein Glück! Aber da sind auch noch die Freunde aus Norderney, die mir helfen, mein Deutsch aufzufrischen. Und natürlich die, die heute in meiner Umgebung im Elsass leben.

Mittlerweile wohne ich seit 25 Jahren in Soultz-sous-Forêts, aber wenn ich Besuch habe, führe ich meine Gäste nach Hunspach – eines der schönsten Dörfer von Frankreich, für mich „das" schönste von allen Dörfern in Frankreich!

Bien Phu, l'autre a été retrouvé mort quelques années après sur la rive du Rhin à Mannheim. Aujourd'hui, il ne reste plus que la sœur de papa qui vit toujours à Hunspach et elle a 88 ans.

Des amis, j'en ai un peu partout. Surtout ceux que j'ai connus en Afrique, qui m'ont aidée et soutenue durant les moments critiques – je les rencontre encore aujourd'hui. Grâce à l'informatique, j'ai pu garder ou renouer avec d'anciens amis du Gabon. Quel bonheur ! Mais il y a aussi ceux de Norderney, qui me permettent de « rafraîchir » mon allemand. Et bien sûr ceux qui habitent aujourd'hui dans mon entourage.

Moi, je vis à Soultz-sous-Forêts depuis 25 ans mais quand j'ai de la visite, je les amène tous à Hunspach, l'un des plus beaux villages de France, mais pour moi « le » plus beau village de France !

KURZVITEN DER AUTORINNEN

Barbara Beu
Jahrgang 1954, in Oldenburg i.O. geboren. Nach dem Studium der Romanistik, Slawistik und Germanistik arbeitete sie zunächst als Lehrerin, später als kommunale Frauen- und Gleichstellungsbeauftragte für einen Landkreis. Ihre Freude am Schreiben verwirklicht sie im Pressewesen und in der Vereinsarbeit. Als Deutsche im Elsass lebend ist sie unmittelbar „Betroffene" der PAMINA-Region.

Danièle Dorothée Bruder
1965 in Haguenau geboren, lebt in Bischwiller. Sie studierte Fremdsprachen (Englisch, Deutsch und Russisch) sowie internationalen Handel in Strasbourg. Die deutsch-französische Verständigung und die grenzüberschreitende Verbindung erlebt sie täglich „live" mit der kleinen Fährekreuzfahrt über den Rhein, da sie seit vierzehn Jahren in einem amerikanischen Betrieb in Deutschland tätig ist.

Brigitte Eberhard
Nachgebesserte Kriegsware, 1943 in Rostock geboren. In der Sozialarbeit tätig. Sie ist Mitglied der GEDOK, einer bundesweiten interdisziplinären Künstlerinnenorganisation. Veröffentlichung mehrerer Bücher, Lesungen in der Region. Sie schreibt, wie sie ist, gereimt und ungereimt, Geschichten zum Nachfühlen, Gedichte zum Einfühlen, Portraits starker Frauen in Baden. www.brigitte-eberhard.de

Charlotte Esch
Als Französin 1947 in Emmendingen in einer französischen Kaserne geboren. Ihre Arbeit als Sekretärin, Buchhalterin und Sachbearbeiterin führte sie an viele, auch deutsche Orte. 1974 – 87 lebte und arbeitete sie im Albert-Schweitzer-Hospital in Lambarene und in Libreville. Aufgrund ihrer Zweisprachigkeit klingen Deutsch und Französisch gleich vertraut in ihrem Ohr. Heute wohnt sie in Soultz-sous-Forêts.

A PROPOS DES AUTEURES

Barbara Beu
est née à Oldenburg en 1954. Après des études de littérature et de civilisation romane, slave et germanique, elle travailla d'abord comme enseignante, puis comme chargée de mission pour l'égalité des femmes au niveau du district. Son plaisir d'écrire elle le réalise dans le monde de la presse et dans le travail associatif. En tant qu'Allemande vivant en Alsace, elle est directement « concernée » par l'espace PAMINA.

Danièle Dorothée Bruder
est née à Haguenau en 1965 et vit à Bischwiller. Elle a fait des études de langues (anglais, allemand, russe) ainsi que de commerce international à Strasbourg. Les relations franco-allemandes, elle les vit au quotidien lors de la traversée du Rhin, travaillant depuis de nombreuses années pour une société américaine basée en Allemagne.

Brigitte Eberhard
est née en 1943 à Rostock et se considère avec humour comme de la marchandise de guerre améliorée. Très active dans le « social », elle est aussi membre de la « GEDOK », une association de femmes artistes pluridisciplinaires, présente sur tout le territoire. Elle a publié plusieurs livres et participe à des séances de lectures dans la région. Elle écrit comme elle est, en vers ou en prose, des histoires où l'on se reconnaît, des poèmes que l'on ressent, elle brosse des portraits de femmes de caractère du Pays de Bade. www.brigitte-eberhard.de

Charlotte Esch
est née française à Emmendingen, dans une caserne française, en 1947. Elle exerça une activité de secrétaire et de comptable en différents endroits d'Allemagne. De 1974 à 87 elle vécut et travailla à l'Hôpital Albert Schweitzer à Lambaréné et Libreville. Du fait de son bilinguisme, les deux langues lui sont familières. Aujourd'hui elle habite à Soultz-sous-Forêts.

Kurzviten der Autorinnen

Sonia Esch

Geboren 1953 in Wissembourg, aufgewachsen in Strasbourg. Nach einigen Jahren Tätigkeit im Hotelbereich kehrte sie zurück in die Gegend ihrer Vorfahren im Nordelsass, wo sie sich der Erziehung ihrer zwei Kinder widmete. Heute kümmert sie sich um ihre Enkelkinder. In Deutschland kauft sie gern ein und freut sich über Begegnungen mit Mitgliedern des Vereins FemmesPaminaFrauen.

Gabriele Medgenberg

1947 in Bad Homburg geboren, dort und im Taunus aufgewachsen. Lebt seit über 40 Jahren in einem größeren Dorf in der Südpfalz. Beruflich zuerst als Bibliothekarin tätig, später als Diplom-Pädagogin in der Beratung und in der Erwachsenenbildung mit dem Schwerpunkt Biographiearbeit. Es bestehen freundschaftliche Beziehungen zu mehreren französischen Familien seit drei Generationen.

Hedi Schulitz

1949 in Rastatt geboren, aufgewachsen im Saarland, danach über 30 Jahre in Berlin. Studium der Romanistik und Slawistik. Lebt seit 2006 in Karlsruhe und ist Mitglied der GEDOK, einer bundesweiten interdisziplinären Künstlerinnenorganisation, in der sie die Leitung der Fachgruppe Literatur innehat. Veröffentlichungen in Anthologien und Zeitschriften. Ihr Roman „Die Schattenfrau" ist 2014 in Karlsruhe erschienen.
www.hedischulitz.de

Ursula Zimmermann

1949 in Leverkusen geboren, aufgewachsen in Paderborn. Nach dem Studium der Romanistik und Anglistik in Münster, Aix-en-Provence und Freiburg arbeitete sie 39 Jahre als Lehrerin in Karlsruhe. Viele Jahre leitete sie den Schüleraustausch ihrer Schule mit einem Collège in der Bretagne und managt seit 1986 einen deutsch-französischen Freundeskreis. In der Pfalz lebend genießt sie die Nähe zum Elsass.

A propos des auteures

Sonia Esch
est née en 1953 à Wissembourg. Après quelques années d'activité dans la branche hôtelière, elle retourna vivre dans la région de ses ancêtres à savoir l'Outre-Forêt dans le nord de l'Alsace, où elle se consacra à l'éducation de ses enfants. A présent elle s'occupe de ses petits-enfants. Elle aime faire ses emplettes en Allemagne et prend plaisir à rencontrer les membres de l'association des FemmesPaminaFrauen.

Gabriele Megdenberg
est née en 1947 à Bad Homburg. C'est là et dans le Taunus qu'elle a grandi. Depuis plus de 40 ans elle vit dans un village du sud du Palatinat. Elle a exercé d'abord une activité de bibliothécaire, puis plus tard comme pédagogue et conseillère d'orientation et de formation pour les adultes. Depuis trois générations d'amicales relations se sont nouées avec plusieurs familles françaises.

Hedi Schulitz
est née en 1949 à Rastatt, grandit en Sarre puis vécut plus de 30 ans à Berlin. Etudes de langue et de civilisation romane et slave. Depuis 2006 elle vit à Karlsruhe et elle est un membre actif de la « GEDOK », où elle préside le forum de littérature. Elle a publié dans des anthologies et des revues. Son roman « Die Schattenfrau » est paru à Karlsruhe en 2014. www.hedischulitz.de

Ursula Zimmermann
est née en 1949 à Leverkusen et a grandi à Paderborn. Après des études de langue et civilisation romane et anglaise à Münster, Aix en Provence et Fribourg/B., elle enseigna pendant 39 ans à Karlsruhe. Durant de nombreuses années elle a organisé les échanges scolaires entre son établissement et un collège de Bretagne. Depuis 1986 elle dirige un cercle franco-allemand. Elle vit dans le Palatinat et apprécie la proximité de l'Alsace.

Übersetzerin Annick Médard

Geboren 1940 im kriegsgeschüttelten Elsass, aufgewachsen in Strasbourg, der Stadt ihrer Vorfahren. Nach einer Dolmetscherausbildung in Heidelberg lebte sie in Deutschland und kehrte 1977 nach Strasbourg zurück. Dort arbeitet sie unter anderem als Übersetzerin im Theaterbereich. Seit vielen Jahren ist sie in einem Geschichtsverein engagiert zur Wahrung des kulturellen Erbes des Elsass.

DANKE / MERCI

WIR DANKEN ALLEN, DIE ZUR VERÖFFENTLICHUNG DIESES BUCHES BEIGETRAGEN HABEN:
NOUS REMERCIONS CELLES ET CEUX, QUI ONT CONTRIBUÉ À LA PUBLICATION DE CE LIVRE :

Das Frauennetzwerk Bruchsal e.V.
ist die mitfinanzierende Organisation auf deutscher Seite und es hat geholfen, die noch vorhandenen Hürden in der Länder verbindenden Arbeit zu überwinden.
Grâce à notre partenaire le plus étroit du côté allemand, nous avons réussi à surmonter les derniers obstacles liés aux relations transfrontalières.

Unser Dank geht an die finanziellen Förderer:
Nous remercions nos donateurs pour leur soutien financier:

Entreprise Duravit S.A., Bischwiller
Landkreis Karlsruhe
Landkreis Rastatt
Frau Inge Schmidt, Bruchsal-Heidelsheim
Sparkasse Germersheim-Kandel
Sparkasse Südliche Weinstraße
Staatskanzlei Rheinland-Pfalz
Staatsministerium Baden-Württemberg

Danke / Merci

Annick Médard, traductrice

est née en 1940 dans une Alsace plongée dans la guerre et passe son enfance et sa jeunesse à Strasbourg, la ville de ses ancêtres. Après des études d'allemand au « Dolmetscher Institut » de Heidelberg, elle vécut en Allemagne. En 1977 elle revient à Strasbourg, où elle exerce entre autres une activité de traductrice dans le milieu du théâtre. Depuis de nombreuses années, elle s'occupe d'une société d'histoire de l'Alsace impliquée dans la conservation du patrimoine.

Danke / Merci

Für die zugesagte Unterstützung durch den Ankauf von Büchern und der Zurverfügungstellung von „Infrastruktur" danken wir:
Pour la confirmation de leur soutien sous forme d'achat de livres et de mise à disposition d'infrastructures, nous remercions :

AKF – Arbeitsgemeinschaft Karlsruher Frauenorganisationen
Commune d'Oberhoffen sur Moder
Deutsch-Französische Gesellschaft Landau e.V.
Eurodistrict PAMINA

Ville de Bischwiller et l'Association des Amis du Musée de la Laub
Ville de Haguenau
Stadt Bruchsal und Gemeinde Forst